Read like a philosopher

철학자처럼 책을 읽어라

신정수

| 신정수

세상을 이해하기 위해 수십 년간 책을 읽고 글을 써온 저술가이자 교육자. 서울대학교 수학과를 졸업하고 ㈜인성정보의 공동창업으로 IT 산업의 최전선에서도 일했으며, 이후 예순에 이르러 한국외국어대학교에서 철학 석사 학위를 받으며 인문학적 성찰을 더했습니다. 과학, 인문학, 산업 현장 등을 넘나드는 저자의 다채로운 경험은 세상을 깊이 있게 읽어내는 그만의 자산이 되었습니다. 이 책은 지난 10년간 읽어 온 수백 권의 알짜 책들에서 정성 들여 길어 올린 통찰의 기록입니다. 현재 서울디지털대학교 객원교수로 재직하며 미래 세대와 소통하고 있습니다. 저서로는 『세상읽기 노트』, 『AI를 위한 수학의 기초원리와 과학기술철학』, 『흥미로운 철학공부』, 『수학 이데아』 등이 있습니다.

철학자처럼 책을 읽어라

초 판 발 행	2025년 11월 01일
저 자	신정수
펴 낸 곳	지오북스
등 록	2016년 3월 7일 제395-2016-000014호
전 화	02)381-0706 / 팩스 02)371-0706
이 메 일	emotion-books@naver.com
홈 페 이 지	www.geobooks.co.kr
I S B N	979-11-94145-32-5
정 가	22,000 원

이 책은 저작권법으로 보호받는 저작물입니다.
이 책의 내용을 전부 또는 일부를 무단으로 전재하거나 복제할 수 없습니다.
파본이나 잘못된 책은 바꿔드립니다.

서문

우리는 매일같이 정보의 홍수 속에서 길을 잃기 쉬운 시대를 살아가고 있습니다. 세상은 눈이 어지러울 만큼 빠르게 변하고, 어제의 지식은 오늘의 낡은 상식이 되기 일쑤입니다. 인공지능이 인간의 지성을 넘어서는 특이점이 멀지 않았다는 예측이 쏟아져 나오고, 가상과 현실의 경계는 허물어지고 있으며, 사회적, 정치적 담론은 극단으로 치닫고 있습니다. 이처럼 세차게 흔들리는 세상 속에서 우리는 무엇을 붙잡고 어떻게 살아가야 할까요? 어디에서 삶의 방향을 알려줄 나침반을 찾을 수 있을까요?

지난 수십 년간, 저 또한 이 거대한 질문에 대한 답을 찾기 위해 책을 읽고 글을 쓰는 여정을 계속해왔습니다. 좋은 책을 읽고 그 속의 소중한 지혜를 잊지 않기 위해 독후감을 써서 공유하는 것은 제 삶의 중요한 습관이 되어왔습니다. 50대의 독서 기록들은 이미 『세상 읽기 노트』라는 이름으로 세상에 내놓은 바 있습니다. 그 후로도 시간은 흘러 60대에 접어들었고, 지난 5년간 수백 권의 책에서 길어 올린 생각의 조각들이 또다시 차곡차곡 쌓여 있었습니다.

하지만 시간이 흐르면서 정리되지 않은 채 쌓여 있던 그 많은 기록이 제 기억 속에서 점점 희미해져 가면서, 애써 얻은 보석 같은 통찰들이 시간의 먼지 속에 흩어져 버릴지도 모른다는 아쉬움이 커졌습니다. 그래서 이렇게 모아둔 소중한 생각들을 다시 한번 책이라는 단단한 형식으로 엮어내고, 그 중요한 내용들을 스스로 복습하며 내면의 자산으로 만들고자 결심하게 되었습니다.

 이 책은 단순한 독후감 모음집이 아닙니다. 서울대학교에서 수학을 공부하며 세상의 논리적 토대를 탐구했고, ㈜인성정보를 공동 창업하며 IT 산업의 최전선에서 기술의 역동적인 변화를 체감했으며, 예순의 나이에 한국외국어대학교 대학원에서 철학을 공부하며 인간과 삶의 근원적인 의미를 물었던 한 사람의 지적 여정의 산물입니다. 수학 교육자로서의 분석적 시선, IT 개척자로서의 현실적 감각, 그리고 철학자로서의 성찰적 사유가 더해져, 한 권의 책 속에 담긴 지혜를 우리 삶의 문제와 연결하고 종합적으로 이해하려는 치열한 노력의 결과물입니다.

 물론, 이 방대한 생각들을 한 권의 책으로 엮어내는 것은 결코 쉬운 일이 아니었습니다. 하지만 최근 눈부시게 발전한 인공지능 기술인 CHAT GPT와 구글의 Gemini라는 특별한 파트너와 함께라면 이 복잡한 과업을 해낼 수 있으리라는 확신을 얻었습니다. 인공지능과의 대화는 흩어져 있던 저의 독서 기록들을 체계적으로 분류하고 핵심을 꿰는 데 큰 도움을 주었습니다. 그 결과, 수백 권의 책에서 얻은 통찰을 '사회의 변화', '삶의 불확실성과 인간 본성', '기술과 인간', '돈과 부의 본질', '학습과 성장', '삶의 의미' 라는 여섯 가지의 큰 주제로 나누어 효과적으로 정리할 수 있었습니다. 이 여섯 가지 기둥은 급변하는 시대를 이해하고 미래를 조망하며, 우리 자신의 삶을 단단하게 세우는 데 필요한 핵심적인 좌표가 되어줄 것입니다.

 이 책을 펴내는 저의 가장 큰 바람은, 우리 모두가 각자의 삶에서 '철학자'가 되는 것입니다. 급변하고 혼란스러운 이 시대를 살아가는 우리가 다양한 책 속에 담긴 탁월한 현자들의 통찰을 통해 세상을 더욱 깊이 이해하고, 개인적으로도 흔들리지 않는 내면의 중심을 세우는 데 도움이 되었으면 하는 것입니다. 물론 제가 쓴 독후감들이 세상의 복잡한 현실을 충분히 비추고 다양한 독자분들에게 과연 의미와 영감을 드릴 수 있을지 염려스러운 마음도 없지 않습니다. 하지만 부족한 부분과 한계를 그대로 드러내더라도, 용기를 내어 이 책을 세상에 내놓기로 하였습니다.

 아무쪼록 이 책이 여러분의 지적인 여정에 작은 등불이 되기를 바랍니다. 이 책을 통해 소개된 여러 훌륭한 책들을 독자분들이 직접 찾아 읽는 계기가 되고, 나아가 그 책들을 발판 삼아 스스로 깊이 있는 생각과 탐구를 지속할 수 있는 작은 계기가 되기를 간절히 바랍니다.

2025년 가을

저자 신정수

목차

Table of Content

제1부. 사회의 변화 통찰

1장. 호모 데우스 (유발 하라리 저): 데이터교의 시대와 인간의 미래 ················ 15
2장. 그들은 어떻게 세상의 중심이 되었는가 (김대식 저): 역사를 통해 본 현재와 미래 ··· 21
3장. 늦어서 고마워 (토머스 프리드먼 저): 초연결, 초지능 시대의 변화 ················ 27
4장. 2030 축의 전환 (마우로 기엔 저): 인구통계학적 트렌드 ······················ 31
5장. 아시아가 바꿀 미래 (파라그 카나 저): 세계화 속 아시아의 약진 ················ 35
6장. 공정하다는 착각 (마이클 센델 저): 능력주의의 폭정과 사회적 분열 ············ 39
7장. 제3차 세계대전은 이미 시작되었다 (에마뉘엘 토드 저):
　　우크라이나 전쟁과 국제 정세 ······································· 43
8장. 데이터는 어떻게 인생의 무기가 되는가 (다비도위츠 저): 데이터 통찰과 삶의 지혜 · 47
9장. 이미 시작된 전쟁 (이철 저): 한반도와 아시아의 미래 시나리오 ················ 51
10장. 패권의 대이동 (김대륜 저): 국가 경영의 교훈 ································ 55
11장. 거대한 가속 (스콧 갤러웨이 저): 코로나 시대 이후의 고등교육과 산업 변화 ········ 59
12장. 세계사를 뒤흔든 생각의 탄생 (송경모 저): 경제 사상을 통한 세상 통찰 ············ 65
13장. 뮌헨에서 시작된 대한민국의 기적 (홍하상 저): 한국 산업화의 숨은 영웅 ············ 69
14장. 나의 꿈에 국경은 없다 (김기완 저): 해외 사업과 인생 공식 ······················ 73

제2부. 삶의 불확실성과 인간 본성

1장. 신은 주사위놀이를 하지 않는다 (데이비드 핸드 저): 우연의 법칙과 확률적 이해 ····· 79
2장. 신도 주사위 놀이를 한다 (이언 스튜어트 저): 확률과 불확실성의 통제 ················ 83
3장. 행운에 속지마라 (나심 니콜라스 탈렙 저): 불확실성 시대의 지혜로운 처신 ············ 87
4장. 최고의 결정 (로버트 루빈 저): 확률적 사고와 합리적 판단 ······························ 93
5장. 엔드 오브 타임 (브라이언 그린 저): 우주의 종말과 생명의 의미 ························ 97
6장. 2050 거주불능지구 (데이비드 월러스 웰즈 저): 기후 변화와 인류의 위기 ··········· 101
7장. 블루프린트 (니컬러스 크리스타키스 저): 유전자, 사회성, 그리고 진화의 청사진 ···· 107
8장. 휴먼카인드 (뤼트허르 브레흐만 저): 이기주의와 이타주의를 넘어선 인간 본성 ······ 113
9장. 다정한 인공지능을 만나다 (장대익 저): 인간의 성공 비결과 AI 시대의 교육 ········ 117
10장. 생각의 지도 (리처드 니스벳 저): 동양과 서양의 사고법 차이 ························· 121
11장. 일의 역사 (제임스 수즈먼 저): 노동, 경제, 그리고 인간의 미래 ······················· 127

제3부. 기술과 인간

1장. 인간을 읽어내는 과학 (김대식 저): 뇌 과학으로 본 인간의 존재와 의미 ·············· 133
2장. 로봇 시대에 불시착한 문과형 인간 (다카하시 도루 저):
　　　인공지능과 포스트휴먼 시대의 철학 ·· 137
3장. 제7감각, 초연결지능 (조수아 쿠퍼 라모 저): 네트워크 사회의 통찰력과 광기 ········ 141
4장. 생각하지 않는 사람들 (니콜라스 카 저): 인터넷이 뇌에 미치는 영향 ················ 145
5장. 머신, 플랫폼, 크라우드 (앤드루 맥아피 저): 삼중 혁명과 미래 비즈니스 ············· 149
6장. 빅나인 (에이미 웹 저): AI 선두 기업과 미래 시나리오 ···································· 153
7장. 기술의 시대 (브레드 스미스 저): 기술, 사회적 책임, 그리고 인재관 ·················· 157
8장. 게임인류 (김상균 저): 놀이, 메타인지, 그리고 게임 문화의 미래 ······················ 161
9장. 메타도구의 시대 (최윤식 저): 미래 기술과 인류의 변화 ··································· 165
10장. NFT 레볼루션 (성소라 저): 디지털 소유권과 블록체인 기술 ···························· 173
11장. 기술의 충돌 (박현 저): 미중 패권 경쟁과 기술 주도권 ··································· 177
12장. 디지털 폭식 사회 (이광석 저): 디지털 플랫폼의 문제점과 대안 ······················· 181
13장. AI 이후의 세계 (헨리 키신저 외): 인공지능의 사회적, 철학적 파장 ················· 185

제4부. 돈과 부의 본질

1장. 부의 인문학 (브라운스톤 저): 자본주의, 혁신, 불평등, 그리고 도시의 힘 ············ 191
2장. 돈의 속성 (김승호 저): 돈에 대한 철학적 접근과 투자 원칙 ························· 197
3장. 신 대공황 (제임스 리카즈 저): 경제 예측 모델과 투자 전략 ························ 203
4장. 디플레 전쟁 (홍춘욱 저): 디플레이션 시대의 경제 및 투자 전략 ·················· 209
5장. 내일의 부-오메가편 (김장섭 저): 공황 감지와 자산 순환 전략 ···················· 213
6장. 미래의 부 (이지성 저): 인공지능 시대의 부와 노후 대비 ···························· 219
7장. 비겁한 돈 (황현희 외1 저): 개그맨 황현희의 투자 철학 ···························· 223
8장. 변화하는 세계질서 (레이 달리오 저): 패권 이동과 투자 전략 ······················ 227
9장. 인플레이션 (하노 벡 저): 화폐의 역사와 경제학적 관점 ···························· 231
10장. 초거대 위협 (누리엘 루비니 저): 글로벌 리스크와 투자 전략 ··················· 235
11장. 슈퍼 에이지 이펙트 (브래들리 셔먼 저): 초고령화 사회의 도전과 기회 ········· 239

제5부. 학습과 성장

1장. 학문의 즐거움 (히로나카 헤이스케 저): 수학자의 삶과 학문적 교훈 ⋯⋯⋯⋯⋯⋯ 245
2장. 수학자의 공부 (오카 기요시 저): 직관, 조화, 그리고 정서 교육 ⋯⋯⋯⋯⋯⋯⋯ 251
3장. 다산의 공부 (송석구, 김장경 저): 정약용의 철학과 자녀 교육관 ⋯⋯⋯⋯⋯⋯⋯ 255
4장. 교양수업 (페터 비에리 저): 교양의 의미와 현대 교육의 방향 ⋯⋯⋯⋯⋯⋯⋯⋯ 261
5장. 공부의 미래 (존 카우치 저): 디지털 시대의 교육 혁명 ⋯⋯⋯⋯⋯⋯⋯⋯⋯⋯⋯ 265
6장. 하버드 시대의 종말과 학습 혁명 (오강선 저):
    디지털 시대의 교육 패러다임 전환 ⋯⋯⋯⋯⋯⋯⋯⋯⋯⋯⋯⋯⋯⋯⋯⋯⋯⋯⋯⋯ 271
7장. 스님의 공부법 (자현 저): 자유분방함 속 공부의 지혜 ⋯⋯⋯⋯⋯⋯⋯⋯⋯⋯⋯ 275
8장. 최재천의 공부 (최재천 저): 독서, 글쓰기, 그리고 학습 경험의 중요성 ⋯⋯⋯⋯⋯ 279
9장. 히든 해빗 (크레이그 라이트 저): 천재성의 비밀과 창의적 습관 ⋯⋯⋯⋯⋯⋯⋯ 283
10장. 수학영재의 비결 (송용진 저): 수학 영재교육의 지혜 ⋯⋯⋯⋯⋯⋯⋯⋯⋯⋯⋯ 287
11장. 수리생물학자가 들려주는 이야기 (김재경 저): 수리 모델과 의과학의 만남 ⋯⋯⋯⋯ 293

제6부. 삶의 의미를 찾아서

1장. 존엄하게 산다는 것 (게랄트 휘트 저): 뇌 과학으로 본 인간의 존엄성과 자아상 ···· 299
2장. 무의미한 날들을 위한 철학 (프랑크 마르텔라 저):
　　　삶의 의미와 행복을 찾는 네 가지 지혜 ·· 303
3장. 노자가 옳았다 (김용옥 저): 도 사상과 서구 철학의 대조 ································ 309
4장. 순전한 기독교 (루이스 저): 기독교 교리와 도덕관 ·· 313
5장. 인생철학자와 함께 한 산책길 (정구학 저): 칸트 철학자의 지혜 ····················· 319
6장. 모든 삶은 흐른다 (로랑스 드빌레르 저): 바다의 철학과 삶의 예술 ················ 323
7장. 세계 그 자체 (울프 다니엘손 저): 물리학자의 과학 철학 ································ 327
8장. 노화의 종말 (데이비드 싱클레어 저): 질병으로서의 노화와 건강한 장수법 ········· 331
9장. 슈퍼 휴먼 (데이브 아스프리 저): 바이오 해커의 적극적인 건강, 활력, 장수 추구 ·· 335
10장. 당신도 느리게 나이 들 수 있습니다 (정희원 저): 건강한 노년을 위한 지혜 ······· 339
11장. 70세의 정답 (와다 히데키 저): 노년 전문가의 기억해 둘 권고 사항들 ············· 343
12장. 때로는 행복 대신 불행을 택하기도 한다 (김진명 저): 김진명 작가의 인생 철학 ·· 347
13장. 나는 어떻게 삶의 해답을 찾는가 (고명환 저): 죽음 너머의 지혜와 삶의 철학 ····· 351
14장. 나는 단단하게 살 것이다 (사이토 다카시 저): 단단한 마음과 삶의 지혜 ··········· 355

제1부. 사회의 변화 통찰

유발 하라리의 『호모 데우스』는 그의 전작인 『사피엔스』에 이어 다시 한번 깊이 있는 그의 통찰력과 날카로운 시선을 보여주는 놀라운 책입니다. 이 책은 인류가 어떻게 기아, 전염병, 폭력을 극복해 왔는지 보여주며, 나아가 불멸, 행복, 그리고 신성을 추구하는 인류의 미래를 명쾌하게 제시합니다. 미래 시대에는 인류가 현재의 인간과 다른 '호모 데우스', 즉 신이 될 가능성을 탐구하며 독자들에게 충격적인 질문을 던지고 있습니다.

1장. 『호모 데우스』 (유발 하라리 저)

데이터 교의 시대와 인간의 미래

상상의 질서와 의미의 그물망

하라리는 『사피엔스』에서 언급했듯이, 인간이 세계를 지배하게 된 가장 큰 요인은 상호 주관적인 '의미의 그물망'을 엮을 수 있는 능력에 있다고 말합니다. 이는 단순히 물리적인 현실을 넘어, 인간의 상상력과 언어, 인문학을 통해 창조된 새로운 실재를 의미합니다. 예를 들어, 중세 십자군 전쟁의 엄청난 동원력도 천국에 갈 수 있다는 믿음에 기반을 두었듯이, 인간은 보이지 않는 상상의 질서에 대한 강한 믿음을 바탕으로 거대한 협력을 이루어낼 수 있었습니다. 이러한 능력은 인류 문명의 발전과 확장에 결정적인 역할을 했습니다.

믿음의 역사: 신에서 데이터교로

결국, 이 책은 우리의 '믿음'의 역사를 다룹니다. 하라리의 핵심 주장은 신을 믿던 시대에서, 인간을 믿는 시대를 거쳐, 마침내 데이터를 믿는 '데이터 교'가 도래할 것이라고 단언하는 것입니다. 데이터 교는 우주가 데이터의 흐름으로 이루어져 있으며, 빅데이터의 권고를 따르고, 모든 가치를 데이터 처리 기여도에 따라 결정하는 강력한 신흥 종교로 부상할 것으로 예측합니다. 이러한 관점은 현대 사회에서 데이터가 점차 신성한 권위를 얻고 있음을 보여주며, 미래 사회의 근본적인 변화를 예고하고 있습니다.

인간과 동물의 관계 변화

 역사적으로 원시 수렵 채집 시대에 인간과 동물은 상호 교감하는 존재로 여겨졌습니다. 동물의 혼을 숭배하는 애니미즘은 당시 자연스러운 풍습이었습니다. 그러나 농경 사회에 들어서면서 동물은 인간이 다스려야 할 대상으로 변모했고, 성경은 인간을 특별한 창조물로 묘사하며 동물에 대한 통제권을 부여했습니다. 이는 가축화된 동물들의 자유를 억압하고 불평등한 현실을 초래했습니다. 이는 실로 안타까운 역사적 변화가 아닐 수 없습니다.

자유 의지와 감정에 대한 재해석

 근대에 와서, 인간의 자유 의지와 이성은 동물과 차별화되는 중요한 요소로 여겨졌습니다. 동물들은 본능에 따라 행동하는 기계적 유기체로 간주 되었습니다. 따라서 동물을 학대해도 죄책감을 느끼지 않는 경향이 있었습니다. 하라리는 이를 인간의 오만하고 독단적인 사상이라고 비판합니다. 이러한 경향은 기계가 인간의 생산 기능을 대체하고 인공지능이 인간의 사고력을 넘보는 시대에도 이어지고 있습니다. 카세돌과 커제를 이긴 알파고를 감정 없는 계산 기계로 폄하도 하는데, 이는 유사한 메커니즘에도 불구하고 인간의 감정만을 신성시하려는 의도에 불과하다고 저자는 지적합니다.

생명 과학자들은 감정이란 인간 고유의 영적 현상이 아니라, 모든 포유류의 생존과 번식에 필수적인 생화학적 알고리즘이라고 설명합니다. 저자는 배고픈 원숭이가 땅에 떨어진 바나나와 근처의 맹수 사이에서 느끼는 감정의 갈등을 예로 듭니다. 이는 진화 과정에서 다듬어진 생체 알고리즘의 정교한 계산 과정이며, 우리에게는 그저 '느낌'으로 다가오는 것입니다. 더 나아가 하라리는 기계와의 차이로 내세우는 우리의 마음이나 의식의 존재성마저 의심합니다. 빛의 전달체였던 에테르나 인간의 영혼 개념처럼, 의식은 뇌의 신경망 프로세스에서 나타나는 현상이며 생물학적으로 의미 없는 부산물일 수 있다는 것입니다. 제트 엔진의 소음이 비행기를 나아가게 하지 않는 것과 같은 이치로, 의식이 우리의 행동을 직접 유발하는 것이 아닐 수 있다는 비판적 시각을 제시한 것입니다.

데이터 교의 도래와 인간의 미래

결론적으로 유발 하라리는 현대 생명 과학의 관점에서 인간에 대해 다음과 같은 충격적인 주장을 펼칩니다.

 인간, 즉 유기체는 여러 알고리즘의 집합체이며 단일한 자아는 없다는 것입니다. 이 알고리즘은 자유 의지라기보다는 결정론적이거나 무작위적이라고 설명합니다. 미래에는 나보다 나를 더 잘 아는 외부 알고리즘과 데이터가 만들어질 것으로 예측합니다.

 다윈의 '종의 기원' 이후 150년에 걸쳐 생명 과학은 유기체 또한 수학적 법칙이 작용하는 생화학 알고리즘으로 보게 되었습니다. 이는 궁극적으로 데이터 교를 탄생시킬 것이라는 예측으로 이어집니다. 이러한 예측은 미래 사회에서 인간의 역할과 정체성에 대한 근본적인 질문을 던지고 있습니다.

데이터 교의 계명과 인본주의의 종말

 데이터 교의 첫 번째 계명은 '가능한 많은 매체와 연결하여 더 많은 정보를 생산하고 소비하라!'라는 것입니다. 두 번째 계명은 '세상 모두를 연결하는 만물 인터넷을 숭배하라!'입니다. 데이터 교 신자들에게 데이터 흐름과의 연결이 끊어지는 것은 인생의 의미를 잃는 것을 의미할 것입니다. 따라서 '기록하고, 업로드도 하고, 공유하라!'를 실천함으로써 자신의 가치를 증명해야 합니다.

 인본주의의 계명은 판단과 결정에 있어 '네 감정에 귀 기울여라'였습니다. 그러나 데이터 교는 감정이란 진화를 통해 자연선택의 엄격한 검사를 통과한 두뇌 알고리즘일 뿐이라고 주장합니다. 그러면서 "이제는 네 감정 대신 외부의 데이터 시스템 알고리즘에 귀를 기울여라!"라고 말합니다. 유발 하라리는 자신의 주장이 100% 맞는 미래 예언이라기보다는 매우 높은 '가능성'이라고 한발 물러서기는 했습니다. 그러면서도 우리에게 이런 미래를 위해 무엇을 할 수 있을지에 대해 끊임없이 묻고 있습니다. 이 책은 기술 발전이 가져올 사회적, 철학적 변화에 대한 심도 있는 성찰을 제공하며, 독자들에게 미래 시대에 대한 능동적인 사고를 촉구합니다. 참으로 신선하고 감탄스러우면서도 충격적인 내용의 책이 아닐 수 없습니다.

카이스트의 뇌과학자 김대식 교수의 이 책은 흥미로운 로마 역사 강의에서 시작하여 현재의 세계 변화에 대한 심오한 통찰로 마무리됩니다. 저자는 로마가 전술, 무기, 인프라 등의 시스템 우월성으로 유럽을 정복했지만 결국 중산층 소멸과 내부 사회 시스템 붕괴 탓으로 역사의 무대에서 사라졌다고 진단합니다. 이는 한 문명의 흥망성쇠가 단순히 군사력이나 경제력만으로 결정되지 않음을 시사하며, 사회 내부의 구조적 문제가 매우 중요함을 강조하는 것입니다.

2장. 『그들은 어떻게 세상의 중심이 되었는가』
(김대식 저)

역사를 통해 본 현재와 미래

근대 유럽이 세계를 지배하게 된 배경

이 책에서는 근대 유럽이 세계를 지배하게 된 배경으로 세 가지 운이 작용한 탓이 있다고 분석합니다.

첫째, 동로마 멸망 이후 탁월한 기술자, 지식인, 부호들이 유럽으로 이주하여 그리스-로마 지식이 유럽에 이식되었습니다.

둘째, 마침 인쇄 기술이 발명되어 지식의 확산이 가속화되었습니다.

셋째, 아메리카 대륙 발견과 함께 세계 시장이 열리면서 경제적 기반이 마련되었습니다.

이러한 복합적인 요인들이 근대 유럽의 세계 지배를 가능하게 했으며, 이는 역사의 우연성과 필연성이 교차하는 지점임을 보여줍니다.

인류 역사의 동력: 이념과 실용, 개인과 공동체

저자는 인류의 역사는 이념과 실용, 개인과 공동체 등 네 가지 개념이 어떻게 조합되는가에 따라 큰 차이를 보였다고 주장합니다. 즉, 이념을 중시하고 공동체를 우위에 둔 사회는 늘 전쟁을 촉발하는 경향이 있었으며 경제적인 파국도 맞이했다는 것입니다. 반면, 실용을 중시하고 개인에게 이념의 자유를 부여한 사회는 발전했습니다. 따라서 이념은 종교처럼 개인에게 맡기고 사회는 네덜란드처럼 자유롭고 실용적인 노선으로 나아가는 것이 현명하다고 주장합니다. 이는 이념의 과도한 강조가 사회에 미칠 수 있는 부정적인 영향을 경고하며, 실용주의와 개인의 자유가 가져올 긍정적인 효과를 강조한 것입니다.

민주주의의 변화와 이데올로기의 종교화

저자는 민주주의가 처음부터 사람은 완벽하지 않다는 현실적 가설에서 출발했다고 봅니다. 민주주의 1.0은 성문법전을 내세운 아테네 정치였으며, 민주주의 2.0은 몽테스키외의 삼권분립 주장 시점으로 보고 있습니다. 그런데, 특정 이데올로기를 완벽하다고 주장한다면 그것은 일종의 종교화로 변질할 수 있음을 강력히 경고합니다. 이념이 절대적인 진리로 둔갑할 때 발생할 수 있는 독재와 억압의 위험성을 시사한 것입니다.

20세기 이데올로기의 부침

 20세기 초에는 세 가지 이데올로기가 국가적 권력을 잡게 된 셈입니다. 첫째는 나치가 표방한 인종주의였고, 둘째는 부의 평등을 지향했으나 독재로 전락한 소련 공산주의였으며, 셋째는 자유민주주의였습니다. 이 중 둘은 쇠망했으며, 이제 세 번째 이데올로기조차 붕괴의 조짐을 보인다고 표현합니다. 이는 현대 사회의 불안정서와 더불어 특정 이념에 대한 맹신이 가져올 수 있는 위험성을 다시 한번 상기시키는 것입니다.

세계화와 갈등의 핵심

 인류는 시장 경제와 자유민주주의를 바탕으로 하는 규칙의 국제화 사회를 만들어왔습니다. 그리하여 오늘날 세계는 경제적으로 전체적인 평균값을 끌어올리긴 했습니다. 하지만 체감적 현실을 보여주는 중간값을 높이지는 못하고 있습니다. 현재 벌어지는 갈등의 가장 큰 핵심은 넓은 무대의 사람(anywhere-people)과 좁은 무대의 사람들(somewhere-people)과의 차이로 해석합니다. 전자는 세계화로 인해 세계 어디서든지 사업을 할 수 있는 20%의 사람들이며, 후자는 먹고살 수 있는 곳이 딱 한 군데뿐인 80%의 사람들입니다.
 이 상황에서 80%를 향한 강력한 포퓰리스트 리더들이 도처에 등장하면서 반세계화의 물결이 요동치기 시작했습니다. 이들은 삼권분립을 붕괴시키고 미디어를 장악하며 급진적 과세 정책을 펼치고자 합니다. 그러다 보면 남는 것은 껍질만 있는 자유민주주의뿐이라는 비판이 제기됩니다. 결국, 저자는 세계화의 부작용과 그로 인한 사회적 분열의 심각성을 경고하며, 인기 영합주의의 위험성을 강조하고 있습니다.

현대 사회의 계층 구조와 정체성 운동

로마 시대와 마찬가지로 현재 세계에도 다음과 같은 계층이 존재한다고 합니다. 최하층은 나라 잃은 난민이고, 그다음 제3 세계민, 그리고 중간엔 유색인종, 백인 여성이 자리 잡으며, 가장 위층에는 백인 남성이 위치한다는 것입니다. 난민 혐오로 시작된 유럽의 포퓰리즘은 이제 중산층의 백인 정체성 운동이 되고 있습니다. 트럼프의 대통령 당선도 미국 중산층 백인들의 정서에 기인한 것이라는 분석이 지배적입니다. 그리고 미투 (Me-too) 운동으로 백인 남성들이 위협을 받게 되자 이는 거꾸로 여성 혐오주의와 남성 정체성 운동의 계기가 되고 있다고도 분석합니다. 이는 현대 사회의 복잡한 정체성 갈등과 사회적 분열 양상을 명확히 보여주고 있습니다.

미국의 미래와 역사적 교훈

한 캐나다 작가의 표현에 의하면, 미국의 미래는 '포퓰리스트 극단 우파 종교당이 정권을 잡은 극심한 여성 혐오 독재 사회'입니다. 결국, 우리 사회는 언제나 발전한다는 순진한 믿음을 버려야 한다는 것이 로마사에서 찾아낸 저자의 결론입니다. 이 책은 역사의 반복되는 패턴을 통해 현재를 이해하고 미래에 대비해야 함을 역설하며, 사회의 낙관적인 전망 뒤에 숨겨진 위험성을 강력히 경고하고 있습니다.

오래전 화제작 '세계는 평평하다'를 썼던 토머스 프리드먼의 근래 작입니다. 그는 지난번 책에서 독자에게 이제 국가 간 울타리는 급격히 걷어지고 있으며, 개방화, 표준화, 정보화로 국가 간 사회적, 비즈니스적 환경의 차이도 급격히 줄어들었다는 점을 인상 깊게 일깨웠습니다. 그는 세계화로 인해 국가 간의 차별성은 좁혀지고, 그 대신 각 개인의 지구촌 경쟁력이 화두로 부상하며, 인도나 중국의 저임금 고급 인력의 무서운 성장은 선진국의 일자리를 빠른 속도로 침범해 들어갈 것으로 보았습니다. 평평해지는 세계에는 좋은 일자리가 널려 있지만, 이는 오직 지식과 능력과 아이디어를 갖춘 사람에게만 해당이 된다는 이야기였습니다. 장벽이 많은 세계에서는 평범해도 웬만한 대접을 받을 수 있었지만, 평평한 세계에서는 절대로 평범해서는 안 된다는 것이 그 책의 핵심 메시지였습니다.

3장. 『늦어서 고마워』 (토머스 프리드먼 저)

초연결, 초지능 시대의 변화

초연결과 초지능의 시대

이번 책에서는 '초연결'과 '초지능'이라는 두 단어로 요약되는 4차 산업 혁명 시대에 나타나는 엄청난 속도의 변화를 조명하는 데에 초점을 맞춘 듯합니다. 우선 기술의 변곡점은 2007년이었다고 말하는데, 그 무렵 애플 아이폰이 출시되고 페이스북이 전 세계로 확산이 되었습니다. 이 무렵 안드로이드, 하둡(비 구조 데이터의 분산 처리용 프레임워크), 깃허브(분산 버전 관리 오픈소스 허브), 에어비앤비, IBM 왓슨, 클라우드 컴퓨팅 등이 만들어지면서 큰 혁명적 변화가 시작되었다고 보았습니다.

이러한 기술적 변화의 '가속화' 현상은 세계를 그저 조금 달라지게 하는 차원이 아니며, 엄청난 충격으로 다가올 것이라고 경고합니다. 그는 지정학, 일터, 윤리, 생태계 등에 전반적으로 몰아닥칠 근본적인 변화를 읽고 대비하라는 충고를 아끼지 않습니다. 특히 중산층 일자리는 여러모로 위협을 받을 것으로 경고하는데, 이는 '세계는 평평하다'에서 강조했던 인도와 중국 노동자뿐만 아니라, 인공지능 기술 혁명과 더불어 이제 더 많은 기계와 로봇까지 경쟁 대열에 참여하여 우리를 압박하게 될 것이기 때문입니다.

미래의 일자리와 기업의 자세

 이런 세상에서 가장 좋은 일자리는 '공감형 기술직'이라고 표현합니다. 이는 이른바 STEM 분야(Science/Technology/Engineering/ Mathematics)와 인간의 오래된 공감 능력을 결합하는 일입니다.

 앞으로는 직장을 '찾는' 것이 아니라 '발명'해야 한다고 강조합니다. 또한, 기업의 리더들은 지치지 않는 호기심과 영감을 가지고 평생 학습을 해야 하며, 제품의 경우 늘 아직 '베타 테스트' 상태에 있다고 생각을 해야 합니다. 앞으로 기회의 평등은 오겠지만, 결과의 평등이 오는 것은 아니겠죠. 이 책은 미래 사회에서 개인이 갖추어야 할 역량과 기업의 변화된 자세를 명확하게 제시하며, 끊임없는 학습과 혁신의 중요성을 거듭 강조하고 있습니다.

이 책은 미래에 관한 예측서라기보다는 그저 현재에도 작동하는 세상 트렌드에 관한 심도 있는 통찰을 보여주는 책이라고 해야 할 것 같습니다. 이 책은 인구통계학적 관점에서 흥미로운 분석들을 제시하며, 독자들에게 미래 사회의 모습을 다각도로 조망할 기회를 제공합니다.

4장. 『2030 축의 전환』 (마우로 기옌 저)

인구통계학적 트렌드

인구통계학적 관점

우선 낮은 출생률 문제와 아프리카의 베이비붐 상황 이야기부터 시작합니다. 그러면서 선진국에서의 이민자에 대한 불안과 분노는 인지적 편향으로 잘못된 것이라고 비판합니다. 국가나 도시 지역의 세계 경쟁력 및 성공 여부는 첫째, 주요 연구 중심 대학이 존재하는지, 둘째, 다양한 인재를 끌어모을 수 있도록 매력적인 삶의 질을 제공하는지, 셋째, 이민자들에게 얼마나 개방적인지 등의 요소에 달려있다고 봅니다. 이 책은 인구구조의 변화가 사회 전반에 미치는 영향을 강조하며, 특히 개방적인 태도와 인재 유치의 중요성을 역설하고 있습니다.

밀레니얼 세대와 실버 세대

밀레니얼 세대란 1980-2000년 출생 세대를 일컫습니다. 이 세대는 역사상 '자기애'가 가장 강한 세대인데, 그 이유는 그들의 부모 때문이라고 합니다. 세상 사람들이 그들의 부모처럼 대해줄 것으로 길도록 내 버려진 것은 엄청난 실수라는 이야기도 나옵니다. 나중 대입시에서 좀 깨어나기는 하죠. 그런데, 이 사회에서 밀레니얼 세대가 주 소비자층은 아닙니다. 비즈니스 관점에서는 세계 자산의 최소 50% 이상을 소유하고 있는 60세 이상의 실버 세대를 주목해야 한다고 말합니다. 그들은 늘 외로우며 그저 오래 사는 것이 아니라 잘 사는 것에 초점을 두며 생각합니다. 노년층의 심리 치료를 위한 렌데버(Rendever)의 가상현실 장비, 일본의 파로(Paro)라고 하는 물개 로봇 등도 흥미롭게 소개하고 있는데, 앞으로 가상현실이나 인공지능, 로봇, 금융 등은 상당 부분 노년층의 요구에 부응하게 될 것으로 예측합니다. 이런 판단은 급변하는 인구 구조 속에서 새로운 비즈니스 기회를 발견하는 통찰을 제공합니다.

중산층의 중요성과 기본소득제

경제의 중추 세력인 중산층이 탄탄해야 한다는 것은 고대 아리스토텔레스도 강조한 바 있습니다. 향후 중국이나 인도 등 아시아 시장에서의 중산층의 발전 속도는 매우 가파를 것입니다. 10-20년간 중국 중산층의 구매력이 세계 최대가 되겠지만, 그다음에는 인도 시장이 부상하리라 전망합니다. 기본소득제 이야기도 나옵니다. 유럽, 캐나다와는 달리 미국에서는 이를 사회주의에 가까운 정책으로 우려하는 편입니다. 그런데 배당금을 지급한 지난 사례들에서의 흥미로운 사실은 빈곤율은 줄었어도 불평등 의식은 더 커졌다는 것입니다. 이는 여유 있는 가정의 경우 재투자가 가능한데 빈곤층은 받은 돈을 다 써버리기 때문이라그 설명합니다. 이는 기본소득제가 단순히 빈곤 문제 해결을 넘어 사회적 불평등 인식에 미치는 복합적인 영향을 보여줍니다.

다양한 트렌드와 미래를 위한 조언

 그 밖에도 부유한 여성들이 늘어난다는 것과 도시 집중화 현상, 과학 기술의 캄브리아기 대폭발 상황, 임시직들 기반의 공유 경제 사회, 그리고 디지털 화폐의 미래에 이르기까지 다양한 주제들의 트렌드를 흥미롭게 소개합니다. 그렇다면 위기를 어떻게 기회로 바꿀 수 있을까요? 저자는 결론적으로 다음과 같은 조언을 합니다. 늘 수평적으로 보며 다양한 길을 유연하게 모색하라고 합니다. 역경을 두려워하지 말고 불확실한 상황에서도 낙관적으로 접근하며, 자신도 함께 변하면서 급변하는 세상에 뛰어들라는 것입니다. 결국, 미래 사회에서 개인이 갖추어야 할 유연한 사고와 능동적인 태도의 중요성을 역설하고 있습니다.

이 책은 세계화 속에서 오늘날 아시아인의 약진을 다룬 매우 흥미로운 주제의 책입니다. 우리는 사실 특별히 '아시안'이라는 유대감이나 의식을 가지고 있는 것 같지는 않습니다. 지역적으로, 역사적으로 서로 오랫동안 뒤엉키다 보니 잠재의식 속에 나라 간의 역사적 반감이나 부정적 경계 의식이 더 깃들어 있는지도 모르죠. 아무튼, 이러한 복잡한 아시아의 현실 속에서 이 책은 아시아의 잠재력과 미래를 심도 있게 분석하고 있습니다.

5장. 『아시아가 바꿀 미래』 (파라그 카나 저)

세계화 속 아시아의 약진

2차 세계대전 이후의 질서와 아시아의 부상

돌이켜보면 2차 세계대전 이후 세계질서는 미국의 군사력과 경제력, 그리고 UN이나 WHO, IMF 같은 국제기구를 통해 자리가 잡혀간 느낌입니다. 서양 세계는 자본주의와 민주주의의 승리를 확신하게 되었지만, 오늘날 부채의 증가, 경제, 정치의 양극화 현상 등은 결코 만만찮은 문제가 되고 있습니다. 이제 세계 경제나 정치면에서 아시아가 급격히 부상하면서 이들은 스스로 세계의 중심이 되어가고 있다는 느낌을 얻게 되었습니다. 우선 이들의 인구는 약 50억으로 세계 인구의 60%를 차지하며, 다른 어떤 지역보다 생산과 수출입이 월등히 크고 세계 외혼·보유고의 대부분을 가지고 있습니다. 저자는 이러한 통계는 아시아가 세계 경제의 핵심축으로 부상하고 있음을 명확히 보여준다고 말합니다.

아시아의 통합과 지정학적 화약고

오늘날 유럽은 가장 잘 통합된 지역 체제이며, 북미는 유럽 다음입니다.

이제는 아시아가 역사적, 문화적으로 느슨한 연계 상황으로부터 더욱 강력한 경제적 상호 의존성을 가진 전략적 협력 관계로 발전해 나갈 조짐을 보인다고 말합니다. 또한, 근래에는 동남아시아가 기지개를 켜며 인도와 중국보다 더 많은 외국인 투자를 받아들이고 있습니다.

그러나 중요한 지정학적 화약고도 아시아에 있습니다. 중국, 인도, 일본 등 아시아의 3대 강국은 강력한 지도자들이 장기 집권을 하면서 국수적 입장에서 막대한 국방 예산을 쓰고 있습니다. 이들은 영토를 놓고 해상 분쟁을 벌이기도 합니다. 하지만 아시아인들은 정복이 아니라 기본적으로 서로의 이익을 위해 상대를 어느 정도 존중해 주는 편입니다. 이는 아시아 내부의 복잡한 역학 관계와 동시에, 상호 협력의 가능성 또한 내포하고 있음을 시사합니다.

21세기 세계 문명의 아시아화

19세기가 세계의 유럽화였다면, 20세기는 세계의 미국화였고, 이제 21세기에는 아시아화가 세계 문명에서 가장 새로운 지층으로 등장하고 있습니다. 이는 중국의 상품, 인도의 SW 개발 인력, 사우디의 석유, 인도네시아 휴양지, 한국의 건설 전문가 등 다양한 모습으로 나타나고 있습니다. 지금 미국 내를 들여다보면 2,100만 명이 아시아인이라고 합니다. 중국인은 480만 명, 인도와 필리핀인은 각각 400만 명, 그리고 베트남 200

만 명, 한국인은 180만 명입니다. 이들의 절반은 서부에 거주하는데 캘리포니아의 16%(700만 명)를 차지한다고 합니다. 이들은 미국의 좋은 학교들을 차지하고 학력 평균을 올려놓고 있으며, 매년 유입되는 중국 유학생만 해도 10만 명씩에 달합니다. 저자는 이러한 추세를 아시아가 단순한 경제적 부상을 넘어, 문화적, 인적 교류를 통해 전 세계에 막대한 영향을 미치고 있음을 의미한다고 말합니다.

'정의란 무엇인가'로 대중에게 유명해진 마이클 샌델 교수가 이 책을 펴내면서 이 사회에 대한 새로운 충격적 화두를 제기했습니다. 그는 '이 사회는 공평한가'라는 질문에 대해 그렇지 않으며, 이 불공평은 심각한 사회적 분열과 정치적 포퓰리즘을 초래한다고 보았습니다. 이 책은 능력주의가 초래하는 문제점들을 심도 있게 파헤치며, 현대 사회의 불평등과 분열의 근본 원인을 탐구하고 있습니다.

6장. 『공정하다는 착각』 (마이클 샌델 저)

능력주의의 폭정과 사회적 분열

공평성의 문제와 조건의 평등

 공평성의 문제는 일단 빈부 양극화라는 '결과의 평등' 문제와 노력에 따라 신분 상승이 가능하냐는 '기회의 평등' 문제 측면에서 다양한 의견들이 나타납니다. 그런데 샌델은 이 책에서 '조건의 평등' 문제를 중점적으로 제기합니다. 그는 결국 경쟁력을 떠나 인간의 존엄성이 존중되어야 한다는 주장입니다. 즉, 단순한 기회의 균등을 넘어, 모든 사람이 최소한의 존엄성을 가지고 살 수 있는 사회적 기반이 중요하다는 점을 역설하고 있습니다.

대학 및 학력주의의 문제점

 샌델은 그 문제의 원인으로서 놀랍게도 대학 및 학력주의에 대해 집중 조명을 하고 있습니다. 미국 명문 대학은 기득권 상류층이 독점하면서 그들은 승자로서의 오만에 빠져들었다는 것입니다. 그들은 은근히 학력을 중시하게 되면서 비명문대나 대학을 못 간 사람들에게 소외감과 '루저' 심리를 갖게 합니다. 이는 학력이 단순한 지식의 척도를 넘어 사회적 지위와 인정의 수단으로 변질이 되면서 발생하는 사회적 병폐를 지적하는 것입니다.

미국 대입의 불공정성

 더 근원적인 것은 오늘날 부유층의 미국 대입 부정과 불공정한 여건 문제에 있습니다. 저자는 명문대를 들어가는 데에는 정문과 옆문과 뒷문이 있다고 설명합니다. 뒷문은 입시 부정 브로커가 동원되어 SAT 점수나 스펙 등을 조작하는 불법적인 것이고, 옆문은 명문대 기부 입학 같은 합법적인 것입니다. 그렇다면 정문은 공정할까요? 샌델은 그렇지 않다고 말합니다. 부유층은 그 아이들에게 고액 과외로 성적을 높여주고, 체육 특기나 해외 봉사 등을 통해 아이의 스펙을 업그레이드를 시켜줌으로써 대입에서 유리한 조건을 만듭니다. 그렇지만, 명문대 출신들은 자신의 노력과 능력 자체에 대한 우월감에 도취되곤 합니다. 미국 명문대 입학사정관의 말에 의하면, 합격률은 5% 정도라도 지원자들은 사실 모두 비슷한 수준이며 그 누구라도 자기 학교에서 학업을 잘 따라갈 것이라고 합니다. 이는 입시 제도의 구조적인 불평등과 그로 인해 발생하는 승자의 오만을 날카롭게 비판하는 대목입니다.

사회적 각성과 대입 제도 개정 제의

마이클 샌델은 이에 대한 사회의 각성과 소외자들이 대한 정서적 배려가 중요하다고 강조했습니다. 그러면서 과감히 다음과 같이 대입 제도 개정을 제의합니다. 대학에서 일단 자격 미달에 해당하는 소수만 배제하고 그 나머지 비슷한 수준의 학생들끼리는 추첨으로 뽑자는 것입니다. 그렇게 되면 실력뿐 아니라 운이 작용하는 입시에서 그 승자는 겸손할 수 있다고 말합니다. 기부 입학 대상자에 대해서는? 그들에게는 추첨할 볼을 두세 개 부여하는 안을 제의합니다. 이는 능력주의의 맹점을 보완하고 사회적 연대감을 회복하기 위한 파격적인 제안으로, 교육 제도의 근본적인 변화를 촉구하는 것입니다.

능력주의의 오만과 사회적 연대감 회복

저자는 이 사회의 포퓰리즘에서 나타나는 불만 정서는 능력주의의 폭정에 대한 반발로 해석합니다. 능력주의자의 오만은 그 버팀목이 된 행운을 잊어버리게 하는 경향이 있습니다. 하지만 우리의 재능과 행운은 우연에 따르는 측면이 농후하다는 점을 자각해야 한다고 말합니다. 그래야 우리가 사회적 연대 의식을 회복할 수 있다고 보는 것입니다. 이 책은 능력주의가 초래하는 불평등과 분열을 극복하고, 모두가 함께 살아갈 수 있는 공정한 사회를 만들기 위한 깊이 있는 고민을 던지고 있습니다.

프랑스의 역사 인류학자 에마뉘엘 토드 박사의 신간입니다. 그는 이 책에서 우크라이나 전쟁의 책임은 미국과 나토에 있으며, 이 전쟁은 사실상 미국과 러시아의 전쟁으로 규정합니다. 물론 여기에는 푸틴의 오판, 바이든의 오판 등이 뒤엉켜 있다고 분석합니다. 여기서 미국은 전쟁과 긴장을 통해 미국에 의한 에너지 공급, 군사 지원 등의 방식으로 유럽을 통제하려는 의도를 가진 것으로 해석합니다.

저자는 우크라이나 전쟁의 최대의 피해자는 인간 방패 처지에 놓인 우크라이나 국민이며, 그다음 피해자는 유럽인이라고 말합니다. 그리고 이 전쟁은 미국과 러시아 사이에 장기전이 될 것으로 예측합니다. 그는 우크라이나에 무기를 공급하며 끝까지 싸워야 한다는 선동이 얼마나 무책임하고 냉혹한 것인지 알아야 한다고 주장합니다. 그 대신 "이제 전쟁을 끝내야 한다. 교섭에 나서야 한다!"라고 적극적으로 외치지 않는 상황을 통탄해합니다. 이 책은 전쟁의 비극성과 함께, 국제 사회의 책임 있는 역할을 촉구하는 목소리를 담고 있습니다.

7장. 『제3차 세계대전은 이미 시작되었다』
   (에마뉘엘 토드 저)

우크라이나 전쟁과 국제 정세

러시아와 우크라이나의 사회 문화적 배경

 러시아는 가부장적, 가족 공동체적이며 질서 정연한 권위주의 아래 평등 개념을 중시하는 사회입니다. 이러한 문화가 공산주의를 받아들이고 푸틴이 이끄는 권위주의 민주주의의 토대가 된 것이라고 말합니다. 반면 우크라이나에서는 러시아 사회와는 달리 대부분 핵가족 구조이고 개인주의가 강하다고 합니다. 이는 미국, 영국, 프랑스 같은 자유민주주의 국가에서 볼 수 있는 가족 시스템과 유사합니다. 이러한 사회 문화적 배경 분석은 두 나라의 갈등을 이해하는 데 중요한 통찰을 제공합니다.

유럽의 러시아 혐오증과 전쟁의 양상

 최근 유럽에서는 러시아 혐오증 같은 것이 조성되어왔습니다. 무리한 정치적, 통화의 통합을 위해서는 외부의 적을 필요로 했던 것인지도 모른다고 지적합니다. 유럽의 러시아 혐오는 마치 반유대주의가 연상될 정도로 비합리적이라는 것입니다.

저자는 우크라이나 전쟁은 지난 세기 느리게 진행되었던 제1차 세계대전과 양상이 비슷하다고 해석합니다. 러시아는 순망치한을 걱정하는 중국의 지원을 받으며 경제 제재를 잘 견디는 중입니다. 한편 미국은 중러 진영에 맞서는 서양 진영을 견고히 구축하기 위해 필사적인 자세입니다. 이 전쟁에서 진다면 경제적 글로벌 지배력도 타격을 입게 될 가능성이 커질 것입니다. 저자는 이 전쟁은 애초에 우크라이나의 중립화라는 러시아의 요청을 서방이 받아들였다면 쉽게 피할 수 있었을 것이라고 진단합니다. 해결이 매우 간단한 문제였다는 것입니다.

서양 사회에 대한 비판적 시각

저자는 서양 사회에 대해 불평등이 심화 되고 신자유주의로 인해 빈곤화가 진행되었으며 사회는 목표를 잃어버렸다고 비판합니다. 1914년 제1차 세계대전도 하찮은 구실로 인한 일종의 집단적 광기였다고 봅니다. 이 위협적인 제목의 책은 지난 6월 20일에 일본에서 출간되어 큰 반향을 불러일으켰다고 합니다. 그 원서는 총 4장으로 구성되어 있는데, 이 책은 제1장과 제4장을 번역한 것입니다. 저자는 한 지성인으로서 욕먹을 각오를 하고 러시아와 푸틴에 대한 변호인 입장을 자처한 셈입니다. 하지만 부시가 욕을 먹었듯, 엄연한 타국에 군사적 침공을 결행한 푸틴의 행위는 비난을 면하기 어려울 것이라는 언급도 합니다. 아무튼, 이 책은 얽히고설키는 세계정세를 다양한 관점으로 읽어보는 데 도움이 될 만한 흥미로운 내용을 담고 있습니다.

우선 너무 재미있으면서도 알토란같은 삶의 지혜들을 던져주는 매우 유익한 책입니다. 이 책의 저자는 스탠퍼드대 철학 석사, 하버드대 경제학 박사 출신의 구글 데이터 과학자인 다비도위츠(Seth Stephens-Davidowitz)입니다. 첫 장에서처럼 유발 하라리는 금세기부터는 데이터가 종교, 곧 신이 될 것이라고 예언했지만, 이 책을 보면서 그럴 가능성이 더 크다는 생각도 들었습니다. 이제는 수많은 경험치 데이터 통계를 통해 행복 지수를 높이는 원리까지 과학적으로 분석하고 있기 때문입니다. 이 책은 여러 가지 사례들을 통해 데이터는 때때로 인간의 직관과 완전히 반대되는 통찰을 제공하기도 한다는 것을 말해줍니다. 하지만 때로는 데이터가 직관을 옹호하며, 이에 반하는 주장에 대해 다시 반하는 통찰을 보여줍니다.

8장. 『데이터는 어떻게 인생의 무기가 되는가』
   (다비도위츠 저)

데이터 통찰과 삶의 지혜

AI 시대의 결혼 전략

먼저 AI 시대의 결혼에 대한 흥미로운 내용이 나옵니다. 어떤 파트너를 어떻게 찾는 것이 장기적 행복 지수를 올리는 현명한 전략일까요? 일단 우리는 연애 대상을 선택할 때 유사성을 선호하며, 잘생긴 외모와 같은 번뜩이는 특징을 과대평가하는 경향이 있습니다. 하지만 이는 연애의 장기적 성공에 아무런 영향을 끼치지 않는다고 합니다. 상대를 고르는 데 정말 중요한 것은 삶에 만족하고 다른 사람을 신뢰할 줄 알며, 더 나은 사람이 되려고 노력하는 특성입니다. 수천 쌍의 연인에게서 얻은 데이터는 결국 연애를 통해 행복해질 확률이 높은 것은 좋은 성격 특성을 가진 짝을 만나는 사람이었다는 것을 보여줍니다. 결혼 상대는 외모로 판단하지 말라는 옛 어른들의 말씀이 떠오르는 대목입니다.

자녀 교육 환경의 중요성

아이를 잘 키우는 교육 환경에 대한 지혜 이야기도 나옵니다. 결론은 '사는 동네가 중요하다'라는 것입니다. 부모로서 우리가 하는 결정들은 사실상 그렇게 중요하지 않았으며, 따라서 오히려 육아에서는 직감에 따른 단순한 접근을 권유합니다. 단, 우리 아이들을 어떤 사람들에게 노출 시킬 것인가는 매우 중요하다고 강조합니다.

세계적으로 가장 영향력 있는 경제학자로 불리는 라지 체타라는 미국 전체의 익명화된 납세자 데이터를 분석하여 어린 시절 거주지와 장래 소득과의 관계를 도출해냈다고 합니다. 합리적인 분석 대상으로 어린 시절 이사를 했던 나이 차이 나는 형제자매들 표본에서도 이런 환경의 중요성에 관한 유의미한 결과가 나왔습니다. '맹모지 삼천지교'가 떠오르는 부분입니다. 이처럼 환경이 개인의 삶에 미치는 지대한 영향은 데이터로 입증되고 있습니다.

사업 성공 요인에 대한 통념 파괴

사업의 성공 요인에 대한 통찰도 등장합니다. 이를테면 빌 게이츠나 저커버그, 그리고 스티브 잡스 등을 통해 형성된 잘못된 창업가 통념을 저격합니다. 대규모 데이터 세트를 통해 나온 결과는 오랫동안 노력하여 자기 분야의 정상에 올라간 다음 중년 이후에 창업하는 경우가 성공 확률이 절대적으로 높다는 것입니다. 이는 젊은 나이에 성공한 소수의 사례에 매몰되지 않고, 실제 데이터에 기반하여 성공의 본질을 파악하려는 시도를 보여줍니다.

외모의 중요성, PR 활동의 필요성

외모의 중요성 이야기와 더불어 예술의 세계이든 학계에서든 다작과 함께 부지런한 자기 홍보 활동이 매우 중요하다는 이야기도 흥미롭습니다. 이를테면 최근 한 연구는 어느 과학자가 한 곳에서 제안을 받기 위해서는 평균 15개 학교를 지원은 해야 한다는 사실을 발견했다고 합니다. 특별한 경우를 제외하면 학계 일자리도 복권과 같으며, 행운은 데이터에 기반하여 결정하는 사람을 좋아한다는 것입니다. 이는 노력과 더불어 전략적인 접근, 그리고 꾸준한 자기 PR의 중요성을 강조합니다.

행복론

이 책의 마지막 장은 행복론에 관한 것입니다. 따뜻하고 화창한 '날씨'가 우리의 행복에 미치는 영향도 분명 있지만, 이는 미미한 것이라고 말합니다. 그보다 데이터가 말해주는 중요한 것은 친구와 함께 일하거나 어울리는 환경, 좋은 자연환경(이를테면 호숫가에서의 산책), 그리고 적절한 알코올 섭취 등이 행복감에 도움을 준다고 합니다. 갑자기 와인 한 잔 생각이 나는 대목입니다. 이 책은 통념을 깨고 데이터에 기반한 새로운 시각으로 삶의 다양한 측면들을 분석하며, 독자들에게 실질적인 삶의 지혜를 제공하고 있습니다.

다소 과감한 내용의 이 책을 읽어 나가면 나중에는 좀 당혹스러운 느낌마저 듭니다. 이 이야기는 풍부한 상상력의 극치가 아닐까 하는 생각도 듭니다. 그리고 실제 저자의 진짜 본심이 어디까지인지 은근히 궁금하기도 합니다. 그렇지만 국제 정세가 흉흉한 이 시점에서 읽을 만한 가치가 충분한 흥미로운 책이라는 생각이 듭니다. 저자인 이철 박사는 기업인 출신의 중국통으로 알려져 있습니다. 그는 향후 중국은 숙원 과업이던 대만 공격에 앞서 반드시 북한을 부추겨서 최소한 남한에 커다란 국지전이라도 일으키는 양동 작전을 구사할 것이라고 확신합니다. 이는 양안 군사 작전을 실행에 옮기기 직전에 한국군과 주한 미군을 한반도에 묶어두려는 필연적 전략이라는 것입니다. 이러한 주장은 한반도 정세의 복잡성과 주변 강대국들의 이해관계가 긴밀히 얽혀 있음을 보여줍니다.

# 9장. 『이미 시작된 전쟁』 (이철 저)

한반도와 아시아의 미래 시나리오

타이완섬 침공 시나리오

저자는 군사 전문가는 아니지만 이와 관련한 많은 공부가 된 탓인지, 중국의 타이완섬 침공 시나리오를 군사적으로 꽤 자세히 묘사합니다. 그 승부의 첫 분수령은 중국군의 폭넓은 타이완 기습 상륙 작전에 대해, 미군 공군력이 날아오는 2~3시간 동안 대만군이 이들의 상륙을 잘 버티며 저지할 수 있는가에 달려있다고 봅니다. 하지만 혹 상륙 작전이 성공하여 시가전에 돌입한다고 해도 대만 시민군들의 목숨 건 저항이 수개월 이상 이어질 것으로 예상합니다. 그런데 이런 시가전에서는 오늘날 양쪽 모두에게 지능화된 드론의 역할이 매우 커질 것으로 봅니다. 한편 중국의 핵무기 사용에 대해서는 많은 사람이 그 가능성을 부정합니다.

중국의 승리 조건과 우리의 대책 전략

하지만 저자는 미국과 그 동맹이 타이완을 돕고 이 전쟁에 개입하는 한 중국은 승리하지 못할 것으로 결론 짓습니다. 그러면 타이완은 완전한 독립을 선언할 수 있게 됩니다. 물론 미국은 물론 동맹국인 우리와 일본도 이에 따르는 막대한 인적 희생과 경제적 피해가 있을 것입니다. 그런데 저자가 제의하는 우리의 대책 전략은 과감한 선제적 북침입니다. 그래야 한국 영토의 폐허화와 우리 국민의 피해 상황을 최소화할 수 있다는 것입니다. 그리고 이 경우 우리는 통일이라는 실속까지 기대할 수 있다고 봅니다. 단, 중국에 우리의 대만 문제 불개입과 통일 이후의 미군 철수는 약속합니다. 만일 북한 영토가 전쟁터가 되면, 하늘을 장악하는 남한 군사력으로 압록강까지 일주일이면 제압 가능하다고 말합니다. 그런데 저자는 여기에서도 더 나아갑니다. 진격을 거듭하여 중국 동북부까지 접수할 필요가 있다는 것입니다. 그런데 이 모험까지도 우리에게 승산이 있다고 말합니다. 참, 놀라운 발상이 아닐 수 없습니다.

자국 이익을 위한 주도적 전략

그나마 받아들일 만한 것으로 보이는 저자의 일관된 메시지는, 우리가 주변 강대국의 페이스에 말려들어 엄청난 피해자로만 전락해서는 안 된다는 것입니다. 자국 이익을 위해 외교적이든 군사적이든 주도적인 전략을 펼쳐야 한다는 이야기입니다. 이 책은 한반도를 둘러싼 국제 정세의 복잡성과 위험성의 엄중한 경고와 더불어, 대한민국이 주도적으로 미래를 개척해나가지 않으면 안 된다는 강력한 메시지가 참 인상적이었습니다.

콜럼버스가 1492년 아메리카 대륙을 발견한 이후 본격적인 대항해시대와 초기 세계화가 시작되었습니다. 옥스퍼드대 역사학 박사인 김대륜 교수의 이 책은 스페인, 네덜란드, 영국, 미국의 세계적 패권 및 흥망성쇠에 주목하면서, 여기에서 국가 경영에 관한 귀중한 교훈을 끌어내는 시도를 하고 있습니다. 스페인 제국은 영토(농업 생산용)와 군사력의 결합으로 번성했고, 이를 누른 네덜란드는 상업과 군사력에 바탕을 둔 것이었습니다. 그리고 19세기 영국의 패권은 상업과 산업 혁명의 힘에서 비롯되었으며, 지금의 미국의 패권은 이들 요소와 더불어 기술 혁신(연구 개발, 정보 통신)에 바탕을 둔 자유 무역(세계화, 금융)의 진화된 모습 때문으로 평가합니다. 시대의 변화에 따라 패권의 핵심 요소 또한 진화해 왔음을 알 수 있습니다.

10장. 『패권의 대이동』 (김대륜 저)

국가 경영의 교훈

패권 형성의 핵심 요소: 경제력, 군사력, 공공 재정

주지하듯 강대국의 세계 패권을 형성하는 양대 요소는 경제력과 군사력입니다. 그런데 저자는 이에 덧붙여 유사시 국가 대사를 위해 재정을 효과적으로 동원하는 공공 재정 체제가 매우 중요하다고 강조합니다. 만일 경제력에 비해 군사력이 지나치게 확장되면 과잉 팽창으로 인해 쇠락의 길을 걷게 된다는 것입니다. 이는 국가 운영에 있어서 균형적인 시각과 함께 재정 건전성이 매우 중요하다는 것입니다.

자본주의와 국가의 역할

자본주의가 등장하면서 돈의 영향력과 돈을 버는 방법에 큰 변화가 생겼지만, 그래도 영국은 19세기까지 영토를 가진 지주 귀족이 견고한 권력을 유지했던 편입니다. 하지만 미국은 모든 사람이 평등하다는 이념에 바탕을 둔 미국 혁명과 연방 헌법 탓에 귀족 제도가 정착할 수 없었습니다. 경제적 성공이 곧 그 사람의 가치를 반영하는 것으로 받아들인 것입니다.

자본주의란 시장 경제에서 이윤을 남기는 활동들로 이루어집니다. 이를 위해서는 영토 확장보다 산업 혁명 때처럼 생산과 분배에서 혁신을 일으켜 생산력을 끌어올리는 것이 관건입니다. 하지만 자유 방임 신조 아래 개인과 개별 기업들의 역할만 기대해서는 안 됩니다. 패권 국가들의 역사를 살펴보면 때로는 국가의 개입도 중요한 역할을 합니다. 이는 자본주의 사회에서도 국가의 적극적인 역할이 필요함을 시사하는 것입니다.

영국과 미국의 정책 실패/성공 사례

저자는 영국의 국가 정책 실패는 영국 엘리트의 독특한 문화인 '신사 자본주의'에 있었다고 분석합니다. 반면 미국 정부와 의회는 대공황과 세계 대전을 거치며 엄청난 재정 자원을 연구 개발 환경에 집중적으로 투입을 했습니다. 그리하여 19세기 말 이후 여러 대기업은 이를 과학 기술과 산업에 효과적으로 활용해왔습니다. 이는 정부의 정책적 방향과 투자가 한 국가의 미래를 어떻게 바꿀 수 있는지를 보여주는 중요한 사례입니다.

중국의 등장과 우리의 전략

이제 강력한 통제 국가인 중국이라는 뉴노멀이 세계 경제에 등장하면서 자유민주주의와 시장 경제의 조합이 더는 만병통치는 아니라는 의견도 나타나고 있습니다. 이 상황에서 우리는 여전히 한미 동맹을 안보 주춧돌로 삼긴 하되, 경제를 위해서는 중국이 차지하는 큰 비중도 고려해야 합니다.

국가 경영을 위한 교훈

저자는 이 책 뒷부분에서, 패권 국가들의 역사를 교훈 삼아, 우리는 국가적 정책을 통해 모방보다는 새로운 혁신을 일으키는 개방적 문화를 조성해야 한다고 강조합니다. 특히 대기업 중심의 양적 성과 지표에 머무르지 않고 중소기업, 스타트업들이 활성화되는 새로운 혁신 생태계를 조성해야 한다는 것입니다. 이 책은 과거의 역사를 통해 미래를 예측하고, 급변하는 국제 정세 속에서 대한민국의 나아갈 길을 모색하는 데 중요한 통찰을 제공합니다.

코로나 시대 이후에 대학은 어떻게 변화하는 중일까요? '플랫폼 제국의 미래'(The Four)의 저자 뉴욕대 경영대학원 스콧 갤러웨이 교수는 새로운 책 '거대한 가속'(Post Corona)에서 10년 빨리 찾아온 미래를 직시하라고 말합니다. 이 책은 코로나 팬데믹이 가져온 급격한 변화 속에서 고등 교육과 산업계가 어떻게 재편될 것인지에 대한 통찰을 제공합니다.

11장. 『거대한 가속』 (스콧 갤러웨이 저)

코로나 시대 이후의 고등 교육과 산업 변화

과잉 수요와 엘리트 대학

 많은 변화 가운데 현재 고등 교육이야말로 변혁적 혁신의 정점에 와있다는 것입니다. 고등 교육 분야는 지난 십수 년간 점점 더 콧대 높은 태도를 취해왔습니다. 특히 아이비리그 같은 엘리트 대학은 수업료는 계속 인상하며 지원자들의 95% 정도를 거절해왔습니다. 사실 지금까지의 과잉 수요가 고등 교육의 알짜 비즈니스 카르텔을 유지하는 데 도움이 되었을 것입니다. 하지만 프린스턴대 입학처장은 이런 말을 한 적이 있습니다. 합격한 학생과 기회를 놓친 학생 사이에 사실상 별 차이가 없으며, 정원의 다섯 배를 더 뽑아도 문제가 되지 않을 것이라고 말입니다. 이 책은 엘리트 교육의 본질적인 문제점과 그로 인한 사회적 불균형을 지적하고 있습니다.

코로나 시대의 대학 변화

 코로나 시대를 거치면서 대학은 어떻게 변모해 왔을까요? 학생들은 생애 최고의 시간 가운데 작년 1년을 통째로 잃었다는 표현도 했습니다. 대학생 가운데 75%는 학교 이러닝에 만족하지 못했고, 작년 미국 고3의 경우 6명 중 1명은 대학 진학을 늦추는 것을 고려했다고 합니다. 또 고등 교육 기관들은 산업계의 재정적 변화와 함께 역시 큰 재정적 충격을 받고 있습니다. 정부의 교육계 지원도 계속 감소하는 추세이고, 대부분 대학은 등록금에만 의존하게 되었는데 작년에는 하버드 신입생만 해도 20%가 입학 연기를 요청했다고 합니다. 돈줄인 유학생의 지원자 수의 변화도 큰 영향을 미칠 수 있으며, 결국 많은 대학이 도태하는 모습을 보일 것으로 예측합니다. 이는 대학 교육 시스템이 직면한 현실적인 위협을 적나라하게 보여줍니다.

기술력과 규모의 확대

그런데 갤러웨이 교수는 이 시점에 고등 교육의 경쟁력을 기술력에서 찾으라고 말합니다. 교수들은 카메라 앞에서 말투를 바꾸고 화면 공유 방식을 배우며, 정보는 새로운 방식으로 표현하여 교육의 질을 높여야 할 것이라고 합니다. 기술은 또 다른 순기능을 가져오는데 이는 '규모의 확대'입니다. 온라인을 통해 규모를 늘리면 개별 기관과 교수의 영향 범위가 기하급수적으로 확장됩니다. 이는 지난 반세기 엘리트 교육의 인위적인 희소성을 바로잡을 기회를 제공합니다. 대학은 또 반복적인 수익 모델인 인력 재교육, 평생 교육의 장으로도 나아가야 한다고 강조합니다.

테크 기업과의 제휴 모델

또 하나의 큰 해법은 빅테크 기업이 세계적 수준의 대학과 제휴 관계를 맺고 커리큘럼을 50% 수준의 저렴한 가격으로 제공하는 것입니다. MIT와 구글의 제휴로 2년짜리 STEM 학위를 만들 수 있으며, 카네기멜론대와 아마존, UCLA와 넷플릭스, 워싱턴대와 마이크로소프트의 제휴 모델도 유력한 안으로 제기됩니다. 이는 교육 시장의 혁신적인 변화를 불러오게 되며, 나아가 새로운 형태의 교육 생태계 형성을 시사합니다.

코로나 시대 이후의 산업계 변화와 정부의 역할

'거대한 가속'이라는 책의 또 하나의 핵심 화두는 코로나 시대 이후의 산업계의 변화상입니다. 우선 기업들의 현금 보유 트렌드와 그 중요성, 그리고 긴축 경영의 필요성을 강조합니다. 어려운 시기에 큰 현금을 확보한다는 것은 자금이 바닥이 난 가치 기업을 싸게 인수하는 능력을 의미하기도 합니다. 그리고 IT 기업인 빅4(구글, 아마존, 애플, 페이스북)의 더욱 강력해진 성장성 및 시장 지배력 이야기도 큰 화두입니다. 또 이제는 전파 광고를 통한 브랜드 시대가 아니라 인터넷, SNS 정보를 통해 제품을 선별하는 '제품 시대'라는 선언도 합니다.

정부의 역할과 사회 문제

갤러웨이 교수는 오늘날의 자본주의와 사회주의 장단점을 비교하면서 정부의 강력한 역할을 촉구하기도 했습니다. 수많은 연구 결과들을 보면 오늘날 고등 교육에의 접근성에서도 그러하듯 개인적 성공을 결정짓는 가장 중요한 요인은 부모의 돈이라며, 미국은 엄청난 번영을 이루었지만, 발전은 없는 사회로 규정합니다.

그렇다면 정부의 역할은 무엇일까요? 정부는 기업이 아니라 개인을 보호해야 한다고 말합니다. 우선 거대 IT 기업들의 권력과 독점을 제한하며, 그들이 정치에 영향력을 발휘하는 것도 차단해야 한다는 것입니다. 왜냐하면, 이들은 클릭과 중독을 유발하는 알고리즘에 전념할 뿐 공동체의 가치에 관한 동기는 미약하기 때문입니다. 이 책은 코로나 시대 이후 급변하는 사회에서 기술의 발전이 가져올 그림자와 빛을 동시에 조명하며, 정부와 기업, 그리고 개인이 나아가야 할 방향에 대한 깊은 고민을 제시합니다.

경제사 중심으로 11인의 행적과 위대한 생각들을 나열한 이 책은 좀 두껍기는 하지만, 일단 읽기 편하고 매우 재미가 있습니다. 사실 저자는 제 지인으로 그의 학문적 내공은 일찍이 잘 인지하고 있었습니다. 저자의 내공이 약하다면 이런 책이 결코 재미있을 리가 없었을 것입니다. 이 책은 '보이지 않는 손'의 애덤 스미스에서부터 실리콘밸리의 아버지 프레데릭 터먼까지 세상을 바꾼 위대한 분들의 이야기를 일반 독자 관점에서도 매우 흥미롭게 느끼도록 조명했습니다. 경제 문제나 경제 관련 사상은 그저 경제로 끝나는 것이 아닙니다. 이는 사회, 정치, 기술, 경영과 긴밀하게 상호 연결됩니다. 그런 측면에서 탁월한 경제 사상가인 송경모 박사의 균형 잡힌 시각 및 예리한 비판이 여러 곳에서 번뜩입니다. 이 책을 읽고 나면 경제사에 관한 여러 권의 양서를 읽은 것 같은 뿌듯함도 느껴집니다. 특히 애덤 스미스, 케인스와 슘페터 등에 관한 이야기에서는 더욱 그런 느낌이 들었습니다.

12장. 『세계사를 뒤흔든 생각의 탄생』 (송경모 저)

경제 사상을 통한 세상 통찰

사상가에 대한 통념 깨기

우리는 어떤 사상가에 대해 기억하기 좋게 주 특성을 부여하는 라벨링을 많이 합니다. 하지만 이 책을 통해 그런 것들이 얼마나 피상적이었던 것인지를 새삼 깨닫게 됩니다. 예를 들어 계획적 전체주의 대신 건설적인 개인주의 메시지를 던진 애덤 스미스의 경우, 결코 두정부주의 옹호자로 오해해서는 안 됩니다. 그는 안보, 공정한 법치, 공공 업무의 수행을 국가의 중요한 의무로 보았습니다. 이는 고정관념을 넘어 사상가의 본질적인 철학을 이해하는 것이 매우 중요하다는 것을 보여줍니다.

포스트 자본주의 시대

저자는 지금 시대를 자본주의 사회로 보지 않습니다. 피터 드러커가 언급했듯이 포스트 자본주의 사회이며, 차라리 경영주의 시대라고 할 만하다고 표현합니다. 경영은 과거 자본의 속성들과는 구분되어야 한다고 봅니다. 이를테면, 스미스 패러다임은 이제 박물관에 넣어두어도 좋을 시점이라고 말합니다. 시장 원리와 자유 방임은 구분해야 하며, 개인들의 자유가 불러오는 부정적 심리, 그리고 다양한 부작용들은 적절히 통제될 필요가 있다고 봅니다.

케인스 사상에 대한 재해석

 그렇다면 계획 경제주의자로 유명한 케인스는 어떠할까요? 실상 케인스 사상이 대공황 이후의 미국 뉴딜 정책에 미친 영향은 그다지 크지 않았다는 것이 저자의 설명입니다. 케인스는 복지 국가론의 원조나 적자 재정 옹호론자로 오해받는 경우가 많습니다. 하지만 저자는 이를 파편화되고 교조화된 케인지언 이론이라고 말합니다. 케인스는 전체주의를 혐오했으며 기업가 옹호자였고, 진보적 보수주의자, 현실주의자에 가깝다는 것입니다.

 이 책은 줄을 치며 완독하긴 했지만, 간략히 요약되기도 어렵고, 한 번 읽고 덮어버릴 책은 결코 아닙니다. 책꽂이 가까운 곳에 두고 경제나 사회에 관한 교양 차원에서 여러 번 다시 읽을 가치가 있는 좋은 책이라는 뜻입니다. 이 책은 경제사상의 깊이를 탐구하며, 독자들에게 세상을 이해하는 폭넓은 시각을 제공할 것입니다.

한국 산업화의 설계자 김재관 박사님은 누구일까요? 이 책을 선물 받았을 때만 해도 이 분의 존재를 알지 못했으나, 이제는 대한민국 산업화의 초석을 다진 시대적 영웅의 한 분으로 받아들여지는 듯합니다. 이 책은 이 분의 흥미로운 독일 유학기로부터 출발하지만, 이 분의 인생 여정을 통해 사실상 한강의 기적이라고 불리는 60, 70년대 대한민국의 공업화와 과학 기술 발전 과정에 얽힌 이야기를 매우 감동적으로, 그리고 적나라하게 보여줍니다. 포항제철, 그리고 한국의 중공업이 누구의 아이디어와 사명감으로 설계되고 어떤 우여곡절을 통해 만들어지게 되었는지, 또 현대자동차 설립에 얽힌 이 시대 영웅들의 놀라운 결단들도 이 책을 통해 흥미롭게 읽을 수 있습니다.

13장. 『뮌헨에서 시작된 대한민국의 기적』
(홍하상 저)

한국 산업화의 숨은 영웅

KIST 설립과 과학자들의 헌신

존슨 미 대통령의 요청에 대한 베트남 파병 결단이 KIST 설립과도 연결성이 있다는 장면에서는 가슴이 뭉클해지고 숙연해졌습니다. 1966년 KIST 초대 소장은 김형섭 박사였고, 초기 선정된 18명의 해외 인재 중 미국 쪽 연구자가 아닌 경우는 독일 뮌헨대학에서 학위를 한 김재관 박사뿐이었습니다. 이 18명은 모두 책임 연구원급으로 임명되었는데, 월급은 당시 서울대 교수 월급의 3배로 대통령 월급보다 높았지만, 그들이 그 이전 해외 직장에서 받던 급여에 비하면 30% 수준이었다고 합니다.

KIST 과학자들은 대부분 술 담배를 멀리했고, 밤낮없이 일했던 모양입니다. 24시간 불이 꺼지는 일이 없었으며, 그러다 보니 과학자 아내들의 불만이 컸습니다. 박 대통령이 어느 날 이들을 한정식집으로 초대했는데, 당시 자리에 앉기 무섭게 코피를 쏟아내는 연구원들도 있었다고 합니다. 이는 대한민국 산업화를 위한 과학자들의 헌신적인 노력을 생생하게 말해줍니다.

현대자동차 설립과 국가 발전

 현대자동차 설립 과정과 국민차였던 포니의 생산 및 미국 수출 이야기에서는 당시 현대자동차 설계실에서 근무했고 지금은 고인이 된 제 형을 떠올리며 또 한 번 가슴이 뭉클했습니다. 자동차 산업은 고용, 수출, 국방에 미치는 영향이 지대한데, 김재관 박사의 혁명적인 고유 모델 집념과 정주영 회장의 결단이 만났기에 가능했다고 봅니다. 이 책을 통해 이 땅의 수많은 존경스러운 인재들, 그리고 산업 역군들의 피와 땀과 열정으로 쌓아 올려진 위대한 나라 대한민국을 다시 자랑스럽게 돌아보게 되었습니다.

오랜 친구가 좋은 책을 내었기에 반가운 마음으로 소개 글을 써봅니다. 이 책의 저자는 초등학교 6학년 때 필자가 있던 반으로 전학을 와서 처음 만나게 된 친구입니다. 중학교도 3년간 같은 학교에 다녔습니다. 20대 중반에는 길에서 우연히 그와 마주쳤는데, 이미 LG전자(금성사) 신입 사원 신분이었던 것으로 기억이 납니다. 필자도 군 전역 후 같은 회사로 입사했습니다.

평소 소탈하면서도 표정이나 말투에서 늘 선의와 친근감, 그리고 긍정 에너지가 풍기는 이 친구는 결국 LG에서 부사장까지 올라가 두바이, 인도 등에서 수출 사업을 총괄하기도 했습니다. 지금도 자주 만나곤 하는데, 풍부한 해외 경험에서 우러나오는 대화 주제도 늘 흥미롭습니다. 대단한 독서 애호가이기도 한 그의 이야기는 다채롭고 흥미롭기 그지없습니다. 필자는 이 책을 통해 그의 탁월한 리더십과 세상을 읽는 내공이 결코 하루아침에 이루어진 것이 아님을 새삼 확인할 수 있었습니다.

14장. 『나의 꿈에 국경은 없다』 (김기완 저)

해외 사업과 인생 공식

y=ax+b 인생 공식과 해외 진출의 기회

이 책에는 배울 만한 정보, 식견, 교훈들이 넘쳐납니다. 그런데 수학을 가르치는 필자에게는 'y =ax +b'라는 그의 인생 공식이 특별하게 와 닿았습니다. 그는 이 일차함수 식에서 y 절편값인 b는 타고난 조건이고, 기울기 a는 삶의 태도라고 말합니다. 이러한 함수 구조 안에서 x라는 노력 입력에 y라는 성과가 출력되는데, 여기에서는 b의 값보다도 기울기 즉, 방향을 의미하는 a가 정말 큰 작용을 한다는 것입니다. 이는 노력이 중요하지만, 어떤 태도를 지니고 노력해 나가느냐가 더 큰 결과를 만들어낸다는 심오한 메시지를 담고 있습니다.

국경을 넘어 시야를 넓혀야!

이 땅의 젊은이들에게는 좁은 대한민국 안에서의 생존 모델만 생각하지 말고, 국경을 넘어 저 바깥세상으로 시야를 넓히라고 갈합니다. 많은 성공 사례들에서도 알 수 있듯이, 우리의 몇십 년 전 경험과 산물과 강점들을 잘 살려내면, 개발도상국에서 좋은 사업의 기회를 만들 수 있다고 그는 말합니다. 또 선진국이라고 하더라도 특정 영역에서는 우리에게 큰 기회가 있는 법입니다. 이 책은 독자들에게 용기와 영감을 주며, 끊임없이 도전하고 성장하는 삶의 중요성을 일깨워줍니다.

제2부. 삶의 불확실성과 인간 본성

경험적 세계에서 법칙을 찾고 사건들을 이해하는 데에는 확률 마인드가 필수적입니다. 이 책에서는 확률 이론을 통해 우연을 분석하는 방법들을 친절하게 안내합니다. 통계학자인 저자는 우연의 법칙으로 다음과 같은 다섯 가지를 꼽습니다(이 번역본의 제목은 다소 어색하며, 원제목은 'Improbability Principle'입니다). 이 다섯 가지 법칙은 우리가 일상에서 접하는 우연한 사건들이 사실은 특정한 확률적 원리에 따라 발생한다는 점을 명확히 보여주고 있습니다.

1장. 『신은 주사위 놀이를 하지 않는다』
(데이비드 핸드 저)

우연의 법칙과 확률적 이해

우연의 다섯 가지 법칙

필연성의 법칙 : 모든 가능한 경우 중 한 가지 경우는 반드시 일어난다는 원리입니다. 예를 들어, 주사위를 던지면 그 결과는 몰라도 1에서 6까지의 수 중 하나는 반드시 나온다는 것과 같은 매우 당연한 기본 원리입니다. 이는 모든 사건에는 결과가 존재한다는 기본적인 논리를 제시합니다.

아주 큰 수의 법칙 : 이는 통계에 나오는 큰 수의 법칙과는 조금 다른 개념입니다. 시행 기회가 충분하면, 아무리 드문 일도 일어날 가능성이 커진다는 의미입니다. 예를 들어, 방 안에 몇 명이 있으면 생일이 일치하는 경우가 하나라도 생길 확률이 그렇지 않을 경우의 확률보다 더 높을까요? 이 경우에는 23명만 넘으면 그렇게 됩니다. 우리의 느낌과는 다르지만, 계산을 해보면 사실임을 알 수 있습니다. 이는 직관과 다른 확률 세계의 놀라움을 보여줍니다.

선택의 법칙 : 사건이 일어나기 전에는 정확한 예측이 어렵습니다. 하지

만 사건 이후에는 데이터를 선택하고 사후 예측을 하면 그 확률을 올릴 수 있다는 것입니다. 이는 마치 화살을 쏘고 나서 과녁을 그리는 격이라고 비유할 수 있습니다. 즉, 결과를 먼저 보고 원인을 끼워 맞추는 경향을 지적합니다.

확률 지렛대의 법칙 : 이는 상황의 미세한 변화로 미미한 확률을 엄청나게 높은 확률로 바꿀 수 있다는 설명입니다. 실제 분포가 사소한 오염적 요소 때문에 정규 분포를 벗어나는 경우가 많기 때문입니다. 임의의 사람이 한 해에 벼락 맞을 평균적 확률은 약 30만 분의 1이라고 합니다. 그런데 버지니아주 공원 경비원인 로이 설리번은 벼락을 일곱 번이나 맞았습니다. 그의 직업이 만일 도시 사무직이었다면 상황은 완전히 달랐을 것입니다. 이는 환경과 조건의 작은 변화가 확률에 얼마나 큰 영향을 미칠 수 있는지를 극적으로 보여줍니다.

충분함의 법칙 : 우리는 충분히 유사한 사건을 동일한 것으로 간주하는 경향이 있다는 것입니다. 즉, 일치하는 기준을 조금만 완화하면 그 확률은 현격히 높아진다는 것입니다. 이는 인간의 인지적 특성이 확률 판단에 어떻게 작용하는지를 설명합니다.

인간의 확률적 직관의 한계

하지만 인간은 확률적 이해나 직관이 부정확한 경우가 많다고 이야기합니다. 사람들은 대체로 확률을 매우 주관적인 경험에 의하여 추정하는 성향이 강하기 때문입니다. 예를 들어, 무작위로 뽑은 영어 단어가 k로 시작하는 단어일 확률과 세 번째 알파벳이 k인 단어일 확률 중 어느 것이 더 높으냐고 했을 때, 대체로 전자를 선택합니다. 후자는 그런 경우를 떠올리기 어렵기 때문입니다. 하지만 실제로는 후자가 전자의 2배라고 합니다. 이는 우리의 인지적 편향이 확률적 사고를 방해함을 명확히 보여줍니다.

우주와 생명 현상의 우연 저자는 우주와 생명 현상에도 우연의 법칙이 작용하며, 개연성이 낮아 보이는 놀라운 기적들도 사실은 나름의 이유가 있으며 그럴 만한 확률의 법칙들이 작용함으로써 일어난다는 설명을 하고 있습니다. 이 책은 우연을 단순한 우연으로 치부하지 않고, 그 이면에 숨겨진 확률적 질서를 탐구함으로써 세상에 대한 우리의 이해를 확장하고 있습니다. 복잡해 보이는 세상의 모든 현상이 결국은 확률이라는 큰 틀 안에서 움직이고 있음을 시사하는 것입니다.

영국 수학자이자 저명한 대중 과학 저술가인 이언 스튜어트의 '확률과 통계'에 관한 책입니다. 이 책은 앞의 제1장의 데이비드 핸드 책과는 반대 의미의 제목을 달고 있지만, 실상은 세상의 질서에 대한 유사한 믿음 같은 것을 가지고 있습니다. 이 책도 인간이 진화 과정을 통해 외부의 구체적 지식에 관한 불확실성을 어떻게 판단하고 결정해 나가는지에 대해 통찰을 주는 책입니다. 여기에는 기존의 경험과 믿음 체계가 큰 영향을 주며, 인식론적 확률 판단 메커니즘이 작동합니다. 이 책은 단순히 수학적 지식을 넘어, 인간의 사고방식과 진화 과정에서 확률이 어떻게 작용해왔는지를 심도 있게 탐구하고 있습니다.

2장. 『신도 주사위 놀이를 한다』
(이언 스튜어트 저)

확률과 불확실성의 통제

확률 이론과 베이지안 뇌

이 책은 우리가 학교에서 배웠던 확률이나 통계에 관한 역사적 배경들과 함께 재미있는 문제들을 소개하면서 그 핵심 이론들에 대한 깊은 이해를 유도하는 측면도 있습니다. 더 나아가 양자 역학의 존재론적 확률 문제, 진화 생물학, 뇌 과학과 함께 인공지능의 원리에 관한 철학적인 성찰로까지 나아갑니다. 확률은 전체 경우 중 해당 경우의 수는 항상 일정 비율로 나온다고 보는 것을 빈도주의라고 합니다. 하지만, 인간의 경험과 내적 믿음에 기반을 두는 베이지안 추정 방식도 있습니다. 신경망 연산 알고리즘을 통해 만들어지는 인공지능의 경우 이를 '베이지안 뇌'로 규정되기도 합니다. 하지만 여기에서 집단적 미신도 생겨나고, 이에 따라 가짜 뉴스도 성행할 수 있음도 경고합니다. 이는 확률적 사고가 단순히 과학적 도구를 넘어 사회적 현상에도 깊이 관여함을 보여줍니다.

불확실성의 긍정적 측면

이 세상의 불확실성은 우리에게 유리하게 작용할 때도 있습니다. 때때로 이루어지는 무작위적인 결정은 몬테카를로 기법에서처럼 되먹임을 통해 스스로 최적화로 나아가는 데 도움을 주기도 합니다. 생명체의 돌연변이 같은 유전자 알고리즘도 시행착오를 거쳐 이런 효과를 끌어내는 학습 프로세스입니다. 인류는 불확실성을 정량화하고 분석하는 데 관찰, 실험과 논리적 사고를 함께 사용해왔으며, 여기에서 수학적 확률 이론들이 만들어졌고 미래를 예측하는 지혜도 발전했습니다. 물론 이 우주에는 양자역학의 경우처럼 신이 주사위 놀이를 하는 것처럼 보이는 기묘한 영역도 있습니다. 하지만 디지털 컴퓨터가 난수를 발생시키듯 이 현상도 진정한 무작위는 아닐지도 모른다고 저자는 말합니다. 이 책은 불확실성을 회피의 대상이 아닌, 탐구와 성장의 기회로 바라보는 새로운 시각을 제시하며, 확률적 사고가 삶의 지혜를 얻는 데 얼마나 중요한 역할을 하는지 강조합니다.

이 책의 저자 나심 탈렙 박사는 월스트리트 금융 트레이더인데, 과거 서브프라임 모기지 사태 이후 이를 예언이라도 한 듯한 '블랙스완' 책의 저자로 일약 유명해졌습니다. 그런데 제 판단으로는 '행운에 속지 마라'는 이 책의 콘텐츠가 더욱 풍부하며, 깊이와 재미를 함께 느낄 수 있는 그의 대표작이 아닐까 합니다. 이 책을 통해 새삼 '인생지사 새옹지마'를 깨달으며, 확률론, 통계학, 몬테카를로 기법, 계량 경제학, 심지어는 심오한 철학 이론들까지 누비면서 세상과 삶에 대한 새로운 혜안을 깨칠 듯합니다. 그는 불확실성이 지배하는 세상에서 어떻게 현명하게 대처해야 하는지에 대한 독특하고 실용적인 통찰을 제시합니다.

3장. 『행운에 속지 마라』 (나심 니콜라스 탈렙 저)

불확실성 시대의 지혜로운 처신

둔감력과 신중론

저자는 먼저 비록 금융 비즈니스 정글 속에서 실전 투자가로 나설지라도 매일의 정보나 뉴스에 대해 '둔감력'을 키울 필요가 있다는 점을 일깨웁니다. 사실 그는 앞선 저서 블랙스완의 핵심 메시지에서 나타나듯이 "고요한 바다를 조심하라"라는 신중론자입니다. 그러면서 철저한 확실성을 추구했던 데카르트보다는, 스스로 한계를 알고 회의했던 몽테뉴를 지지합니다. 이는 정보 과잉의 시대에 불필요한 자극에 휩쓸리지 않고, 본질에 집중하는 현명한 자세의 중요성을 강조한 것입니다.

크로이소스 왕의 교훈

이 책에서 다음과 같은 재미있는 이야기가 소개되고 있습니다. 고대 리디아의 크로이소스 왕은 그리스 입법 의원인 솔론을 맞이하여 자신이 세상에서 가장 행복한 사람이라고 과시했다고 합니다. 그러자 지혜로운 솔론은 우리의 미래는 늘 불확실하며 언제든 상황이 바뀔 수 있으니 자만

하지 말라고 조언했습니다. 또한, 나중 실패의 대가가 지나치게 크다면, 중간에 아무리 잦은 성공을 해도 소용이 없다는 이야기도 합니다. 나중 크로이소스는 페르시아 왕 키루스와의 전쟁에서 대패하여 화형을 당할 순간이 도래했습니다. 사형장에서의 그는 솔론의 이름을 부르며 울부짖었습니다. "솔론, 당신 말이 맞았소!" 이 절규하는 모습을 본 키루스가 그 내막을 묻자, 크로이소스는 솔론이 경고했던 내용을 말해주었습니다. 깊이 감동한 키루스 왕은 크로이소스의 목숨을 구해주었다고 합니다. 자신도 같은 운명에 처할지 모른다는 생각이 들었던 것입니다. 이 이야기는 겸손과 신중함, 그리고 불확실성에 대한 인식이 얼마나 중요한지를 보여주는 고전적인 교훈입니다.

조지 소로스의 유연한 사고

전설적 투자가 조지 소로스 이야기도 흥미롭습니다. 조지 소로스와 가끔 테니스를 치던 사람이 어느 주말, 소로스가 시장에 대해 매우 비관적 이야기를 하며 곧 큰 공매도를 할 것 같은 이야기를 들은 적이 있었다고 합니다. 그런데 며칠 후 시장이 세차게 상승하며 고가를 기록하는 것을 보고 소로스가 걱정되었습니다. 소로스를 다시 만났을 때 큰 타격이 없었느냐고 물어보니, "대량 매수로 거금을 벌었어! 곧 생각을 바꿨거든."이라고 답했습니다. 그는 지난 생각의 경로에 얽매이지 않으며, 하루하루가

백지에서 시작한다고 합니다. '사석 작전'과 바꿔치기를 서슴지 않는 고수 바둑을 연상케 하는 장면입니다. 이는 고정관념에 갇히지 않고 유연하게 사고하며, 시장의 변화에 능동적으로 대처하는 태도의 중요성을 보여줍니다.

칼 포퍼의 철학과 열린 사회

저자는 조지 소로스를 칼 포퍼 철학의 진정한 실천가로 보았습니다. 저자는 칼 포퍼를 귀납법과 실증주의의 허점에 굵직한 해답을 준 위대한 철학자로 봅니다. 포퍼는 과학 이론들조차 너무 진지하게 받아들여서는 안 된다고 했습니다. 이론에는 검증 과정에서 이미 오류가 드러난 이론과 아직 오류가 발견되지 않았지만 언제든 그럴 가능성이 있는 이론 등 두 가지 유형만 존재한다는 것입니다. 그래서 아무리 확실해 보이는 이론들이라도 잠정적으로만 수용하는 자세를 취해야 한다고 주장했습니다.

귀납법이란 무엇일까요? 진리들로부터 논리를 전개하는 연역법과는 달리 수많은 개별 사항들로부터 일반적 법칙/가설을 도출하는 것입니다. 일반론은 개별 사항의 집합보다 기억 공간을 훨씬 적게 차지하며 다루기도 간편합니다. 하지만 이런 압축의 결과, 우연적 리스크에 대해서는 그 감지하는 능력이 감소하기 마련입니다. 저자는 결국 통계학과 귀납법들을 활용하는 것은 좋지만, 위험을 관리하는 용도로는 부적격이라고까지 말을 합니다.

 이 책에서는 포퍼의 '열린 사회와 그 적들'에 나오는 열린 사회의 개념도 소개됩니다. 열린 사회란 영원한 진실이 존재하지 않는 사회이며, 그 대항 아이디어의 등장을 늘 허용하는 사회로 규정합니다. 거짓 입증의 길을 열어두지 않은 사회 모델은 전체주의로 봅니다. 운을 다룰 때도 열린 마음을 필수로 보는 저자는 어떤 희귀 사건이 일어나도 손해를 입지 않도록 투기 활동을 벌여왔다고 합니다. 심지어 어떤 경우는 희귀 사건 때문에 돈을 벌기도 했다고 합니다. 저자가 아는 장기 생존하는 트레이더들은 모두 이런 철학을 가졌다고 합니다. 투자뿐 아니라 세상 삶에 임하는 도인의 자세를 일깨워주는 듯한 대목입니다. 이 책은 불확실성 속에서 겸손하고 유연한 자세로 삶에 임하라고 말하며 기존 통념을 깨는 독창적인 통찰을 제공합니다.

바둑의 고수들은 늘 복기를 통해 자신의 판단을 냉철히 재점검합니다. 결과가 좋았다고 반드시 나의 수가 옳았던 것은 아닙니다. 때론 설사 내가 이겼더라도 반성의 여지가 남습니다. 반대로 결과가 나빴더라도 나의 지식, 실력 수준에서는 어쩔 수 없었던 경우도 있습니다. 이런 경우에는 안타까움이나 후회가 거의 남지 않습니다. 우리네 일반적 삶에서도 그렇지 않을까요?

예를 들면, 만 원을 내고 주사위를 던져 1이 나오면 3만 원을 주고 다른 수가 나오면 '꽝'인 게임이 있다고 합시다. 만일 이 게임에 참여하여 1이 나와 2만 원을 벌었다 한다면 나의 결정은 현명했던 것일까요? 게임비 만 원을 내고 상금 기댓값이 겨우 5천 원인 주사위 게임에 참여했던 나의 어리석음을 반성해야 참 고수가 될 수 있지 않을까요? 한편, 만 원을 주고 주사위를 던져 짝수가 나오면 10만 원을 주는 게임에 참여했는데, 홀수가 나와서 만 원을 잃었다면? 나는 과연 어리석은 판단과 결정을 한 것일까요? 기댓값이 5만 원이므로 결과가 나빴더라도 이는 나의 판단이 잘못된 것은 아니었습니다. 따라서 이는 일시적인 운으로 담담히 받아들이는 것이 현명할 것입니다. 직장에서도 부하 직원의 나쁜 결과만 가지고 호통을 치는 것은 어리석은 상사 부류입니다. 진정한 고수라면 차분한 태도로 어디엔가 혹 반성의 포인트가 없는지를 함께 복기하고 토의하는 지적 자세를 보여야 할 겁니다. 아이 교육에 대해서도 유사한 말을 할 수 있을 겁니다.

4장. 『최고의 결정』 (로버트 루빈 저)

확률적 사고와 합리적 판단

리스크 관리와 확률 계산

위기관리 측면으로 들어가면 확률 계산의 문제에만 머물러서는 안 됩니다. 작은 확률이더라도 손실의 파장이 매우 클 수 있다면 신중해야 한다는 것입니다. 이를테면, 1억 원을 내고 주사위를 던져 3 이상이 나오면 6억 원을 주는 게임이라면 어떨까요? 이런 게임이라면 누구나 참여하는 것이 현명한 것일까요? 돈을 잃을 확률은 1/3이고 상금의 기댓값은 4억 원이나 되는데 말입니다. 큰 부자가 아니어서 1억 손실이 내게 적지 않은 타격을 줄 수 있다면 이런 게임의 참여는 결코 현명한 결정으로 볼 수 없을 것 같습니다. 적은 확률로 발생이 된다고 하더라도 그 리스크가 내게는 만만치 않기 때문입니다. 바둑 경우에서도, 이창호 같은 최고수 프로들은 어떤 상황에서는 가장 최선으로 보이는 수를 선택하지는 않는다고 합니다. 형세 판단에서 자신이 유리한 국면이라면, 그것이 인공지능이 추천하는 '블루스팟' 자리는 되지 못할 것 같아도 리스크 관리 차원에서 더 안정적인 수를 선택한다는 것입니다.

로버트 루빈의 '최고의 결정'

이번에는 이런 확률적 사고방식으로 판단 및 결정을 내리는 지혜를 설파한 좋은 책 한 권을 소개해볼까 합니다. 로버트 루빈의 '최고의 결정'이라는 책입니다. 그는 골드만삭스, 씨티그룹의 회장이었고 빌 클린턴 정부의 재무장관을 지낸 적이 있었던 경제계 거물입니다. 우리는 그로부터 중대한 판단과 결정을 내리는 방법론과 풍부한 경험 이야기를 들을 수 있습니다. 그는 대학 시절 입문 철학 수업에서 늘 철저하게 회의하며 생각하는 위대한 철학자들의 사고법을 배웠다고 합니다. 즉, 철학을 통해 '생각에 대해 생각하는 법'을 배웠고 이 세상사의 불확실성을 대하는 자세를 깨우쳤던 모양입니다. 그는 말합니다. 우리에게 닥친 문제들을 풀어내려면 반드시 열린 마음, 진지한 목적의식, 그리고 지적 정직성이 필요하다고 말입니다.

확률적 사고와 '옐로우 노트'

그리고 그는 복잡한 문제를 이해하기 위한 접근법의 기초는 '확률적 사고'라고 말합니다. 인간의 본성은 복잡성과 불확실성을 받아들이기 싫어하는 경향이 있습니다. 하지만 확률적으로 생각하고 각 가능성에 대한 기댓값을 세밀히 계산해보는 훈련이 필요하다고 말합니다. 그가 제의하는 것은 이런 것들을 분석하는 '옐로우 노트'입니다. 그는 객관적인 데이터와 분석을 통해 감성적인 판단을 배제하는 훈련의 중요성을 강조합니다.

리더의 자질과 성공의 조건

그 외에도 그는 이 책에서 경영인, 정부 관료, 리더로서의 풍부한 경험과 지혜를 들려줍니다. 훌륭한 경력을 쌓아 온 거의 모든 사람은 운, 목표를 향한 전심전력의 돌진 성향 외에도 멘탈이 유난히 강하다는 특성을 가졌다고 말합니다. 살아가면서 인생의 좋은 일과 나쁜 일을 잘 견딜 수 있어야 하는데, 힘든 상황에서 의사 결정 능력을 유지하는 메커니즘은 바로 '자신감'으로 보았습니다. 크게 성공한 사람들의 또 다른 공통점으로 어떤 아이디어를 현실화하는 메커니즘에 대한 감각과 능력이 있다고 말합니다. 또 자신의 중요한 특징 중 하나로, 질문하는 습관과 더불어 '왕성한 호기심'을 꼽았습니다. 이는 사물을 액면 그대로 받아들이지 않고 끊임없이 다방면적으로 의심해보는 자세를 의미하기도 합니다. 독서 습관도 역시 매우 중요하다고 덧붙입니다.

진실한 태도와 조직 관리

그는 진실한 태도를 리더 자리에 있는 사람에게 특히 중요한 덕목으로 보았습니다. 자신에게 진실하면 자신이 이전에 한 말을 따로 기억할 필요가 없다는 이점도 있습니다. 그리고 조직 속에서 일이 잘되면 직원들에게 공을 돌리고 잘못되면 자신의 탓으로 표현한다고 합니다. 이렇게 하면 결국 리더에게도 득이 된다고 말합니다. 단, 직원을 지적할 일이 있으면 조용히 따로 불러 건설적으로 이야기합니다. 이 책을 읽다 보면 그의 성공은 신중한 자세와 더불어 대인 관계에서의 진실성, 그리고 균형 잡힌 합리적인 판단력에 있었다는 생각이 듭니다.

컬럼비아 대학의 물리학과 및 수학과 교수인 브라이언 그린(Brian Greene)의 철학적 책입니다. 그는 이 책에서 어떤 이야기들을 했을까요? 현대 물리학자들은 시간의 흐름이란 곧 엔트로피(무질서도)의 증가 방향으로 변하는 것이라고 말하기도 합니다. 그렇다면 만물이 궁극적으로 다 흩어져 버리고 말 우주 속에서 생명과 의식이란 과연 무엇이며 어떤 의미를 지니는가? 우리에게 이런 철학적인 반문이 생기지 않을 수 없습니다. 이 책은 우주의 물리적 법칙과 인간 존재의 의미 사이에서 심오한 철학적 탐구를 시도하고 있습니다.

5장. 『엔드 오브 타임』 (브라이언 그린 저)

우주의 종말과 생명의 의미

수학적 우주와 인간의 규범

오늘날 우주의 법칙을 가장 정확하게 표현하는 수단은 수학이며 방정식입니다. 현대에 와서 자연과 그 패턴들을 포괄적으로 잘 이해할 수 있었던 것은 수학적 언어로 표현된 의문들에 대한 호기심 때문이었습니다. 한편 인간의 규범, 도덕이란 하늘에서 정해져서 인류에게 하달된 것이 아니라 삶의 편의를 위해 고안된 발명품으로 해석합니다. 자연 선택은 사물에 대한 우리의 직관력뿐 아니라 가치관의 발달에도 지대한 영향을 미쳤습니다. 냉철히 바라보건대 우리는 입자의 집합체로서 엔트로피에 의한 붕괴를 지연시키는 능력을 획득했습니다. 하지만 자연은 수학으로 서술되는 물리 법칙을 따라 가차 없이 미래로 나아갑니다. 지적 생명체가 등장하기 전에는 이것이 전부였습니다. 우주의 이 모든 여정은 입자와 장과 물리 법칙, 그리고 초기 조건이 전부입니다. 양자 세계에서의 물리 법칙은 확률적으로 적용되긴 하지만, 확률 자체는 엄밀한 수학을 통해 계산되고 결정된다고 할 수 있습니다. 생명은 이 게임의 규칙을 거스르거나 벗어날 수 없습니다.

존재의 의미와 종말

 저는 늘 왜 이 우주에 무언가가 '존재'하게 되었는지가 궁금했습니다. 존재들의 제1 원인에 대한 정체성이 궁금했던 것입니다. 일찍이 라이프니츠도 그 이유를 몹시 궁금해했다고 합니다. 더불어 그가 느꼈던 딜레마는 무언가를 자각하는 의식 능력은 결국은 물리 법칙에 따라 무로 사라진다는 것이었습니다. 종말 앞에서는 모든 것들의 의미가 상실합니다. 개인 삶의 막바지에는 사소한 것들에도 엄청난 의미를 부여하게 되지만, 전 인류의 종말 앞에서는 무력감 외에는 무엇을 느낄 수 있을까요?. 전자는 삶의 가치를 높이고 후자는 그 의미를 퇴색시킨다고 말할 수 있을 것입니다. 이 거시 우주를 변화시키는 주인공은 엔트로피입니다. 생명과 마음은 이 우주가 전개되는 과정에서 우연히 발생한 결과물이라는 것 이외에 우리가 그 존재의 의미를 설명하기엔 역부족입니다. 결국, 우리는 무상하기 그지없는 일시적 존재라는 것입니다.

저자의 결론: 내면에서 찾는 목적과 의미

 물리적 입자에는 목적이 없습니다. 그 대신 인간과 같은 특별한 입자들의 집단이 주관적인 세계에서 생각하고 느끼고 성찰하면서 자신만의 목적과 의미를 만들어내고 있습니다. 저자의 결론은 이렇게 귀착됩니다. "과학은 바깥 세계를 이해하는 강력한 도구이다. 하지만 우리가 목적과 의미를 찾으려 바라보아야 할 곳은 바깥이 아닌 내면이다". 이 책은 우주의 거대한 흐름 속에서 인간 존재의 유한성을 인정하면서도, 그 안에서 스스로 의미를 찾아 나서는 삶의 중요성을 강조합니다.

지구 역사상 다섯 차례의 대멸종 사태에 대해 과학자들은 대부분 온실가스로 인한 기후 변화를 그 핵심 원인으로 지목합니다. 저자는 인류 시대에 지구 온난화의 도화선이 된 것은 18세기 영국에서 화석 연료를 태우기 시작한 것이라고 말합니다. 그러므로 이제는 '우리가 어떻게 행동할 것인가?'가 기후 온난화의 핵심 미지수가 되고 있다는 것입니다. 2016년 파리 기후 협약에서는 2도의 기온 상승을 최악의 시나리오인 것처럼 여겼지만, 그 협약을 제대로 지키는 산업 국가를 찾아보기 어려운 현실입니다. 그러다 보니 이젠 2도 정도의 상승은 오히려 최상의 시나리오에 가까워 보입니다. 게다가 현재 통용되는 기후 변화 모델로는 파리 협약이 지켜지더라도 2100년까지 4도 정도의 기온 상승이 예상된다고 합니다. 이 책은 기후 변화가 가져올 미래의 재앙적 시나리오를 경고하며, 인류의 즉각적인 행동을 촉구하고 있습니다.

6장. 『2050 거주 불능 지구』 (데이비드 월러스 웰즈 저)

기후 변화와 인류의 위기

지구 기온 4도 상승의 영향

지구 기온의 4도 상승은 지구촌에 어떤 현상을 불러오는 것일까요? 이는 폭염, 산불, 가뭄, 굶주림, 공기 오염, 질병 전파 등 인류의 생존에 엄청난 위협 요인으로 작용합니다. 2003년 유럽의 살인적인 폭염은 하루 2,000명꼴의 사망자를 발생시켰습니다. 저자는 폭염 하나만 보더라도 이런 사태가 우리의 일상적인 여름으로 자리 잡을 것이라고 경고합니다. 이는 기후 변화가 단순한 환경 문제를 넘어 인류의 생존 자체를 위협하는 심각한 재앙이 될 수 있음을 경고하는 것입니다.

팬데믹과 질병의 세계화

기후 문제를 주제로 다루는 이 책에서도 특히 팬데믹에 대한 설명 부분은 매우 인상적입니다. 우선 북극 빙하에는 지난 수백만 년 동안 갇혀있던 질병들이 소생을 기다리고 있다고 경고를 합니다. 실제 2007년에는 800만 년 된 미생물을 소생시켰고, 어느 러시아 과학자는 호기심으로

350만 년 된 박테리아를 자기 몸에 주입해보기도 했다고 합니다(참 다행히도 이상은 없었습니다). 지구 온난화는 빙하 속 질병들을 깨우는 작용뿐 아니라, 현존하는 질병들이 장소를 옮기고 관계망을 바꾸며 진화를 거듭하는 원인이 되기도 할 것입니다. 한 예로 2016년부터 황열병을 일으키는 아마존의 모기는 밀림 지역을 벗어나 산개하기 시작했다고 합니다. 이제 기후 변화와 함께 전염병의 세계화 시대가 온다는 것입니다.

과학 기술에 대한 맹신 경고

사람들은 오늘날 크게 발달한 과학과 의학 기술들을 맹신하는 경향이 있지만, 기후 변화로 인하여 감당이 되지 않는 완전히 새로운 차원의 질병들이 생겨난다는 것은 결코 과장이 아닙니다. 지구에는 아직 발견되지 않은 바이러스가 100만 종 이상 존재하며, 인간의 몸속 박테리아 중 99% 이상에 대해 아직 학계에서도 무지하다고 합니다. 이는 과학 기술의 만능주의에 대한 경고와 함께, 미지의 위협에 대한 겸손한 자세를 촉구합니다.

기후 변화와 경제적 대 몰락

기후 변화는 건강 문제뿐 아니라 세계 경제를 몰락시키는 중대 원인이 된다는 무서운 분석도 내놓습니다. 우선 18세기부터 갑작스럽게 전개되어온 급격한 경제 성장의 역사는 산업 혁명이나 자유 무역의 결과가 아니라고 진단합니다. 석유 같은 화석 연료의 사용이 절대적 원인이라는 것입니다. 하지만 인간은 그 에너지 저장고를 발견하면서 이를 마구 남용하기 시작했습니다.

한 나라에서 기온이 1도 증가할 때마다 그 경제 성장률은 1% 감소한다고 합니다. 기후 변화를 고려하지 않았을 때의 경제 성장 곡선과 비교한다면, 21세기 말까지 세계 각국의 1인당 소득은 평균 23% 감소할 것이라는 연구 결과가 있습니다. GDP를 15% 감소시킨 대공황과 비교한다면, 기후 변화는 대침체나 대공황이 아니라 경제적 '대 몰락(Great Dying)'을 초래하는 수준인 셈입니다.

자본주의의 위기와 '화석 자본주의'

결국, 자본주의는 위기에 봉착한다는 경고를 내어놓습니다. 지난 반세기 유행했던 행동 경제학에서는 인간의 이성이란 비합리적이며 맹목적일 만큼 자기중심적, 자멸적이라는 관점을 가지고 있습니다. 여기에서 기후 변화에 대처하는 전문가들에 대한 믿음도 무너지며, 시장 자본주의 시스템은 기후를 더욱 심각한 위험에 빠뜨립니다.

오늘날 서구 자본주의가 화석 연료의 힘 덕분에 지배력을 가지게 되었다는 주장은 경제학자들 사이의 주류 의견이라고 할 수는 없습니다. 하지만 이러한 '화석 자본주의'를 사회주의 좌파 진영의 지론에 불과한 것이라고 폄하를 해서도 안 된다고 경고합니다. 저자는 소득 불평등이 '공정한' 불평등이라는 사회 다원주의적 세계관을 일종의 종교로 본다면, 여기에는 최소한 엄청난 종교 개혁이 다가오고 있다고도 말합니다. 이 책은 기후 변화가 단순한 환경 문제가 아닌, 경제, 사회, 심지어 이념의 근간을 뒤흔드는 초거대 위협임을 강력하게 경고하며, 인류의 근본적인 성찰과 행동 변화를 촉구하고 있습니다.

저자 니컬러스 크리스타키스 교수는 예일대 사회학과 교수로, 하버드 의대에서 사회의학을 전공한 의사이기도 합니다. 그는 이 책에서 우리가 유전적으로 사회적 선을 위한 원초적 힘을 가지고 있다고 주장합니다. 지금까지 많은 동물 중 사회성이 강한 종들은 생존의 가능성이 컸다고 합니다. 그 이유는 '수렴 진화'에 있다고 하는데, 이 말은 서로 다른 종이 각자 다른 방향이지만 같은 진화적 적응에 도달한다는 뜻입니다. 근원적으로 인간은 생물학적, 유전적으로 뿌리 깊은 사랑, 우정, 협력, 사회 학습 등의 특성을 가진다고 말하는데, 이런 특성들을 그는 '사회성 모둠'(social suite)이라고 불렀습니다. 이 책은 인간 본성의 깊은 곳에 자리 잡은 사회적 본능을 과학적으로 탐구하며, 인류 진화의 숨겨진 청사진을 제시합니다.

7장. 『블루프린트』 (니컬러스 크리스타키스 저)

유전자, 사회성, 그리고 진화의 청사진

인류의 사랑 감정과 결혼의 진화

한 가지 매우 흥미로운 대목은 인류의 사랑 감정과 결혼에 관련된 생물학적, 진화론적 분석입니다. 우리 종의 보편적 특징 중 하나는 짝 결속(**pair bonding**) 성향인데, 이는 분자와 신경 메커니즘이 주도하여 '사회적 애착' 관계를 형성시키는 생물학적 충동이라고 말합니다. 결혼의 형태는 역사적으로나 사회에 따라 다양합니다. 가장 흔한 일부일처제뿐 아니라 일부다처제, 그리고 아프리카의 마사이족 같은 일처다부제나 심지어는 가족에서 남편이나 생물학적 아버지의 존재는 없이 모계만 존재하는 히말라야의 나족에 관한 재미있는 이야기들도 소개됩니다.

하지만 인류의 주된 결혼 형태는 역사적으로 여러 차례 변화를 겪어왔습니다. 대형 유인원류 시기에는 일처다부제가, 그리고 호모 사피엔스의 소집단 수렵 채집 시기에는 일처일부제가, 그리고 1만 년 전 농업 혁명기 무렵에는 다시 일처다부제가 흔해졌다고 합니다. 지금의 일부일처제는 약 2천 년 전부터 정착이 되어온 것입니다. 이는 인간의 사회적 관계와 제도가 생물학적 진화와 밀접하게 연관되어 있음을 보여줍니다.

사회성의 확장과 진화의 청사진

진화 역사에서 보면 인간은 자녀를 먼저 사랑하도록 진화했고, 이어서 짝을 사랑하고, 그다음 생물학적 친족, 그리고 배우자 친족, 이어서 친구와 집단에 애정을 느끼는 순서로 그 애정 영역이 확장되는 방식으로 진화를 해왔다고 합니다. 결국, 이러한 사회성의 확대 방향이 인간종의 생존을 유리하게 만들었을 것입니다. 그런데 저자는 인간의 공감 능력, 인간애 같은 인류의 범문화적 유사성에 대해 우리 각자 안에 좋은 사회를 만드는 진화의 청사진(blueprint)이 담겨있기 때문이라고 보았습니다. 일종의 과학적 성선설을 시도하는 느낌이 들기도 합니다.

매슬로 욕구와 공진화

매슬로의 5단계 욕구를 보면 3단계부터는 소속감, 애정, 인정받고자 하는 마음 같은 것입니다. 개인적 생리나 안전 문제를 넘어 이런 사회적 인정이나 자기실현이야말로 궁극적인 행복으로 가는 길이라는 것인데, 이것이 진화를 통해 이미 유전적으로 박혀있다고 보는 것입니다.

생물의 진화와 환경의 변화는 사실상 상호 영향을 주고받으며 '공진화'를 이어간다고 합니다. 이를테면 원시 수렵 시대에는 멀리 보는 눈이 생존에 중요했을 텐데, 오늘날 근시안들이 왜 이리 흔한가에 대해 의문을 품을 수 있을 것입니다. 이에 대해 저자는 공진화 현상으로 설명 가능하다고 합니다. 그 이유를 생각해보면, 어느 시기부터의 안경의 발명과 보급과 더불어 이 환경은 근시자들도 생존을 이어가고 그 자손도 번성하는 것을 허락했다는 것입니다. 어떤 기술적, 사회적 변화도 인류의 생물학적 진화에 영향을 끼칠 수 있다는 한 쉬운 예인 셈입니다.

생물학과 사회학 통합적 설명에 대한 비판적 시각

이 같은 생물학과 사회학의 통합적 설명 움직임에 대해 회의적인 주장들도 적지 않습니다. 이를테면 인간의 내면과 사회적 현상들은 물질 차원에서는 관찰 불가능하며 정량화할 수 없다는 이원론적 관점에서의 비판을 하기도 합니다. 어떤 사회적 현상이 개별적 인간의 유전성에 기인한다는 가설에 대한 의견이나 비판에 있어서도 보통 다음과 같은 네 가지 사유 흐름이 있습니다.

실증주의 : 이론의 객관적 검증 과정을 통한 과학주의 자세를 중시합니다. 하지만 과학으로는 알 수 없는 훨씬 더 많고 더 흥미로운 것들에 대한 사유와 의견들을 등한시한다는 비판도 듣습니다.

물질적 환원론 : 전체는 사실상 부분의 합일 뿐 그 이상은 아니라는 가정에 기초합니다. 하지만 이 노력은 창발성을 외면하며 본질상 환원이 불가능한 것들을 지나치게 단순화시킨다는 지적도 받습니다.

본질론 : 물질세계나 사회에 존재하는 것들의 정체성을 만드는 기본적 특성 조합이 있다는 것입니다. 즉, 개별 사례들을 초월하는 변하지 않는 근원적 성질들을 추론하는 것입니다. 하지만 이런 접근은 엄청난 다양성을 과소평가한다는 비판을 받기도 합니다.

결정론 : 어떤 사건이든 그냥 자체적으로 생기지 않으며 아무런 원인 없이 생기는 경우는 존재하지 않는다는 엄격한 인과론적 관점입니다. 하지만 이 경우 인간 본성에 관해 이야기할 때는 본질론과는 달리 다소 불가지론적 입장을 가지는 경향이 있습니다.

즉, 이 책에 등장하는 저자의 여러 주장 또는 가설들에 대해 이것은 과학적 실증주의를 벗어난 것이 아니냐, 또는 물질적 환원론, 본질론, 결정론 부류의 철학적 가설일 뿐 실제적 인과 현상을 분석할 수 없는 것은 아닌가 하는 비판이 가능합니다. 하지만 학문의 세계에서 이런 시도들이야말로 환영받아야 마땅하다고 저자는 강조합니다.

유전자의 강력한 힘과 미래 기술

결국, 저자는 유전자는 생물의 몸과 마음뿐 아니라 주변 세계까지도 빚어내는 강력한 힘을 지녔다는 점을 강조한 셈입니다. 생물이 유전자의 인도를 받아 자기 주변에 일으키는 변화를 리처드 도킨스는 확장된 표현형

(The Extended Phenotype)이라고 말했지만, 이런 관점과 개념을 뒷받침하는 과학적 증거들도 실제 나오기 시작했다고 합니다. 한편 저자는 지금까지 도시의 발명, 교통과 통신 기술, 인터넷 정보화 등이 미친 사회적 영향을 돌아보면서, 앞으로는 인간 본성에 가장 큰 영향을 끼칠 급진적 기술로 인공지능과 유전자 편집 기술을 꼽았습니다. 그러면서 우리가 디스토피아적 미래는 피할 수 있을 것이라는 믿음을 보입니다. 이 책은 인간 본성과 사회의 미래를 유전자와 진화의 관점에서 통찰하며, 과학적 상상력과 함께 깊은 성찰을 제공합니다.

저는 대학원 철학과에서 윤리학을 공부할 때, 인간이 가진 이기주의와 이타주의 심리론에 대한 비교 분석 리포트를 썼었던 기억이 납니다. 이기주의에 관한 관점은 보통 심리학적 이기주의와 윤리학적 이기주의로 구분을 합니다. 먼저 심리학적 이기주의는 인간의 모든 행동은 (심지어 봉사 활동이라 할지라도) 궁극적으로 이기주의적 동기에서 나온다고 보는 것입니다. 심리학적 이기주의가 이기주의를 인간성 그 자체로 보며 사실 관점으로 받아들이는 것이라면, 윤리학적 이기주의란 이기주의는 생명체의 존재 원리이므로 우리가 마땅히 따를 규범 차원으로 받아들입니다. 영국 철학자 흄의 경우는 심리학적 이기주의에 가까운 인물이었는데, 그는 자비심조차 가진 자의 우월감으로 보았고, 동정심의 경우 자신도 그 상황에 놓일 수 있음을 우려하고 이에 대비하는 의도로 해석했습니다.

그렇다면 이타주의도 심리학적 이타주의와 윤리학적 이타주의로 구분할 수 있지 않을까 싶습니다. 전자는 이기심과 엄연히 공존하는 인간의 이타적 공감 능력을 조명하는 자연주의적, 진화 심리학적 관점입니다. 그리고 윤리학적 이타주의는 종교적 믿음이나 공동체주의 관점에서 나옵니다. 칸트의 정언 명령 같은 의무 윤리학이나 최대 다수의 최고 행복을 추구하는 벤담의 공리주의적 윤리관은 여기에 가까울 것 같습니다. 철학, 윤리학에서는 이처럼 이기주의와 이타주의에 대한 다양한 관점을 제시하며 인간 본성의 복잡성을 탐구합니다.

8장. 『휴먼카인드』 (뤼트허르 브레흐만 저)

이기주의와 이타주의를 넘어선 인간 본성

인간 본성에 대한 새로운 희망

 윤리학적 분류로 본다면 이 '휴먼카인드(Humankind)'라는 책은 어떤 관점에 서 있는 것일까요? 제가 보기엔 심리학적 이타주의 관점에 가깝지 않을까 싶습니다. 이 책의 저자는 우리가 대체로 부정적 인간관을 가지고 있는데, 이는 매일의 뉴스와 '부정 편향'이라는 인지적 오류로 인한 것으로 분석합니다. 사실 전통적 기독교에서는 원죄 개념에 뿌리를 두고 있으며, 이성을 우위에 두는 근대 계몽주의조차 역시 성악설에 뿌리를 두는 경향이 있었습니다. 오늘날 생물학자들은 적자생존의 진화론과 이기적 유전자 이론을 통해 '인간은 이기적이다'라는 프레임을 씌우며, 경제학자들은 우리 종을 이기적이고 계산적인 '호모 이코노미쿠스'로 규정합니다. 하지만 이 책에 등장하는 흥미로운 이야기들을 쫓아가다 보면 어느새 인류 사회에 대한 새로운 희망과 더불어 삶의 따스함 같은 것이 슬그머니 느껴집니다.

더 나은 세상을 위한 백금률: 공감보다 연민

이 책 뒷부분에서 저자는 말합니다. 우리는 인간은 잘못된 자아상을 기반으로 지난 수천 년 동안 항해해왔다고 말입니다. 그리고 더 나은 세상은 나로부터 시작되는 것이 아니라 우리 모두와 함께 시작되는 것이라고 강조합니다. 저자가 말하는 황금률 아니, '백금률'이 있습니다. 공감보다 연민을 훈련하라는 것입니다. 나와 다른 상황을 공감하려는 것은 우리를 기진맥진하게 만들 수 있습니다. 그들과 '함께'가 아닌 그들을 '위해' 느끼라는 것이며, 그러한 연민이야말로 우리에게 오히려 에너지를 주입한다고 말합니다.

　자신의 신념에 도전하는 격인 이 책을 강력추천한 유발 하라리는 말했습니다. 이 책을 읽는 동안 내내 즐거웠다고 말입니다. 필자도 그렇게 느꼈고, 아마도 우리 모두 그럴 것이라고 믿습니다. 이 책은 인간 본성에 대한 깊은 이해를 바탕으로, 더 나은 사회를 위한 새로운 관점과 희망을 제시하며, 독자들에게 따뜻한 위로와 용기를 선사합니다.

책의 두께도 얇고 읽기에 편안한 책입니다. 진화 생물학자 장대익 교수는 이 책에서 인류가 성공한 비결은 "똑똑"하고 "따뜻"하게 진화했기 때문이라고 말합니다. 즉, 인간은 '똑똑'하고 '따뜻'하다는 것입니다. 서구인의 의식 구조에 헬레니즘과 헤브라이즘이라는 두 축이 버티고 있다는 것과 유사한 맥락인 듯합니다. 인간은 똑똑함이라는 생태적 지능으로 과학적 문명을 열었고, 따뜻함이라는 사회적 지능으로 서로 공감하고 협조하는 시너지 문화를 일구었습니다. 이 책은 인공지능 시대에 인간의 본질적인 강점과 미래 교육의 방향에 대한 중요한 통찰을 제시합니다.

9장. 『다정한 인공지능을 만나다』 (장대익 저)

인간의 성공 비결과 AI 시대의 교육

공감 능력과 독서의 중요성

사실 우리의 공감 문화는 그 대상이 인간, 동물, 기계로 점차 확장되어 가는 중입니다. 그런데 저자는 이 공감력을 높이고 가소성의 뇌를 성장시키는 데는 독서가 가장 효과적인 '필살기'라고 강조합니다. 인터넷과 동영상 시대에 왜 하필 독서일까요? 우리에게는 질문하는 능력과 사고하는 능력이 중요한데, 건설적이고 창의적인 아이디어는 느린 인지 과정을 통해 만들어지기 때문입니다. 독서는 깊이 있는 사고와 성찰을 가능하게 하며, 이는 급변하는 시대에 필요한 핵심 역량이라고 단언할 수 있다는 것입니다.

인공지능 시대의 학교 역할

또 인공지능의 경우 이는 유능함의 새로운 도구이며, 다정함의 위험한 씨앗이라고 표현하는 저자는 유능함의 진화 속도를 다정함이 따라가지 못한다면 문명의 붕괴가 초래될지도 모른다고 경고합니다. 그리고 문명의 심장은 '학교'라고 말합니다. 호모 사피엔스는 여기에서 자신의 성취를 넓게 공유하고 그 탁월함을 주변에 퍼뜨려왔습니다. 미래의 인공지능 시대에서도 학교는 필수이며, 여기에서 아이들은 초 개인화된 맞춤형 교육과 더불어 동료 학습, 관계 학습을 깊게 체험하도록 해야 한다고 말합니다. 이 책은 인공지능 시대에도 변치 않을 인간의 가치와 교육의 중요성을 강조하며, 미래 사회를 살아갈 다음 세대에게 필요한 역량이 무엇인지를 생각하게 합니다.

미국의 저명한 사회 심리학자인 리처드 니스벳(Richard Nisbett)의 명저 『생각의 지도』에는 동양과 서양의 문화 특성과 사고법 차이가 명쾌하게 분석되어 있습니다. 이 중 흥미로운 내용을 핵심만 간략히 정리해 봅니다. 이 책은 문화가 인간의 인지 방식에 얼마나 깊은 영향을 미치는지를 보여주며, 동서양의 차이를 통해 세상을 이해하는 폭넓은 시각을 제공합니다.

10장. 『생각의 지도』 (리처드 니스벳 저)

동양과 서양의 사고법 차이

서양의 분석적 사고와 동양의 종합적 사고

서양의 경우 고대 그리스 시대로 돌아가 보면, 사물의 불변적 본질을 매우 중시하는 문화가 싹트기 시작했고, 개인적 자율성이 매우 존중되었습니다. 반면 중국은 고대부터 변화를 중시하며 관계 지향적이었습니다. 전자의 경우, 사물의 근원을 캐고 개체에 관해 존중했던 정신은 곧 집중과 분석적 사고력의 발달로 이어진 듯합니다. 그러므로 아리스토텔레스의 형이상학에서도 나타나듯이 사물의 속성들을 분류하여 규칙과 범주를 만드는 성향과 역량이 두드러집니다.

반면 고대 중국 철학의 특성은 유, 불, 도에서 보듯이 융합과 조화에 있습니다. 새옹지마 고사에서도 나타나듯이 세상은 변화무쌍하며 모순으로 가득 차 있고, 끊임없는 순환이 일어나는 곳으로 받아들입니다. 서양 철학을 분석주의라고 한다면, 동양 철학은 우주를 모든 요소가 서로 연결된 하나의 장으로 보며 종합주의를 견지합니다. 조화를 중시하며, 부분보다는 전체를 직관하려고 하고, 만사의 상호관련성과 맥락에 더욱 주목한다는 것입니다.

논리학과 기하학 발전의 차이

 그리스는 다양한 개별적 견해에 대한 상호 논쟁을 중시했으며, 당시 철학자들은 형식 논리와 모순율에 강박증에 가까울 정도로 집착한 분석주의자들이었습니다. 이 전통이 논리학을 발전시키고 그 맥이 오늘의 영미 분석 철학에까지 이르고 있는 것이 아닌가 싶습니다. 수학에 있어서 연산이나 대수는 중국에서도 오래전 서양보다 더 발달했지만, 기하학에 관해서는 그리스의 눈부신 발전에 비해 크게 뒤처진 까닭은 무엇일까요? 기하학이야말로 모순율을 통한 추상적 증명 과정을 중시하는 학문이기 때문입니다. 그런데도 오늘날 학교에서 동양인이 수학을 잘하는 이유는 무엇일까요? 이는 수학 교육 방식이 우수하며, 그 절대적 공부량의 관점에서도 큰 차이를 보이기 때문으로 봅니다. 사실 미국인들은 애초 수학 머리는 따로 있다고 보는 경향이 있다고 말합니다.

고맥락/저맥락 사회와 언어 구조의 차이

 사회적 관점에서 본다면 서양의 개인주의와 동양의 공동체주의로 크게 구별됩니다. 후자의 경우엔 전체적 맥락이라는 관념이 중시되는 반면, 서양의 개인이란 주변 맥락에 휘둘리지 않는 독립적이고 자유로운 행위자에 해당합니다. 이런 측면에서 인류학자인 에드워드 홀(Edward Hall)은 서양의 저 맥락사회(low context)와 동양의 고 맥락사회(high context)로 구분하기도 했습니다. 이런 구분은 퇴니스의 이익사회(Gesellschaft)와 공동사회(Gemeinschaft) 구분을 연상케 합니다. 세계는 서쪽으로 갈수록 전자에 속하며 개성, 자유, 보편성 가치가 더 부각이 됩니다. 서양 내에서도 큰 그림을 보는 것은 앵글로색슨 문화보다는 대륙 문화에서 더 잘 나타납니다.

기본적 귀인 오류와 역사적 인과 모델

리 로스(Lee Ross)의 '기본적 귀인 오류'라는 개념이 있습니다. 이는 어떤 사람의 행동에 대해 그 당시의 상황적 원인은 고려하지 않고 그 사람의 특성을 주원인으로 파악하는 경향을 말합니다. 그런데 동양인보다는 서양인들에게 이런 특성이 더욱 두드러진다고 합니다. 역사적 사건의 인과 모델에 대해서 서양인은 매우 후행적이고 단순합니다. 즉, 결과에서 늘 몇 가지의 직접적 원인 몇 가지를 뽑아내는 식입니다. 하지만 동양에서는 '왜(why)'보다는 '어떻게(how)'에 주목합니다. 어떤 선행 상황을 거쳐 거기에 이르게 되었는지 그 연대적 순서와 맥락이 중시되는 것입니다.

언어 상대성 가설

서양은 명사를 통해서 세상을 보고 동양은 동사를 통해서 관계적으로 세상을 본다는 설명도 흥미롭습니다. 그리스인에게 세상은 사물들로 구성된 집합체입니다. 따라서 그들은 범주화하는 경향이 강하며, 개별 사례들을 통한 귀납법적 추리를 많이 사용합니다. 영어에서는 맥락보다는 대상에 집중하며 문장에서 주어와 명사에 중점을 두는 반면, 한국어는 주제에 집중하며 문장에서도 동사를 중시합니다. 한국어에서는 동사가 처음이나 마지막 부분에 오는 경향은 인지의 용이성 때문으로 분석합니다. 이를테면, 차를 권할 때 영어에서는 "More tea?"로 명사를 내세우는데, 우리말에서는 "더 마실래?"처럼 동사를 앞세웁니다. 이런 언어 구조상의 차이는 사고 과정의 차이를 낳는다는 것이 '언어 상대성 가설'인데, 이는 요즈음 정론으로 자리 잡는 모양입니다.

문화적 특성 차이의 기원과 미래

서양과 동양의 이러한 사고의 특성 차이는 어디에서 기인하는 것일까요? 그리스는 해안가에 위치하여 무역이 주 산업 수단이었고 개인적 이동이 잦았으며 상인 계층이 잘 형성되었습니다. 따라서 다른 민족과 종교, 이질적 사고와의 접촉은 그들의 호기심을 자극했다는 것입니다. 한편 중국은 농경에 적합했으며 문화적 동질성이 매우 강했습니다. 그리고 중앙집권적 정치 권력 체제로 불협화음이 없는 안정적인 공동체를 지향했습니다. 이들은 새로운 풍물에는 특별한 호기심을 보이지 않으며, 주변 사람들에는 관심을 가지는 장 의존성(field-dependent)이 강해졌습니다.

문화의 미래는 어떻게 될까요? 동양이 점차 산업화, 서구화되어 가면서 서양식 교육을 통해 궁극적으로 서구적 문화로 통일이 될 것이라고 분석하는 학자들이 많습니다. 하지만 헌팅턴 교수는 이를 비판하며, 일본의 서구식 고도성장이 일본의 전통적 가치를 크게 바꾸지는 못했다는 점을 지적했습니다. 또한, 미국에서는 불교가 신교보다 더 빠르게 확산이 되고, 요가나 중국 기체조를 배우는 경우도 많습니다. 결론적으로 저자는 동양계 미국인의 경우에서 나타나듯이, 세계인은 '이중 문화적(bicultural)'이 되어가면서 두 문화의 특성이 함께 공존하는 문화가 만들어질 것으로 보았습니다. 이 책은 문화가 사고방식에 미치는 영향을 깊이 있게 탐구하며 다양한 문화적 배경을 이해하는 데 중요한 통찰을 제공합니다.

이 책을 전체적으로 보면, 과도한 노동, 희소성의 경제학, 성장의 한계, 지속 가능성 문제, 느슨한 경제학 등에 관한 흥미롭고도 수준 높은 이야기보따리로 구성되어 있습니다. 우선 인류사에서 '일'과 인간의 관계에서 가장 중요한 시점들을 정리해내는데, 첫 번째는 인간이 불을 다루게 된 시점입니다. 이는 우리의 소화를 쉽게 하면서 인류의 두뇌 발달을 촉발한 원인으로 지목했습니다.

11장. 『일의 역사』 (제임스 수즈먼 저)

노동, 경제, 그리고 인간의 미래

수렵 채집인의 삶과 경제관

수렵 채집 활동을 하며 살아갔던 시기의 인류의 생활상에 대해서는 오늘날 아프리카의 수렵 채집 종족인 쿵족을 관찰하고 분석하면서 많은 새로운 깨달음을 얻게 된 것 같습니다. 가장 놀라운 것은 그들은 노력을 그다지 크게 기울이지 않고도 필요한 식량을 얻을 수 있었다는 사실입니다. 식량 취득에 주당 17시간 정도의 시간을 썼고, 숙소를 세우고 도구를 만드는 데 약 20시간을 추가로 필요로 했다고 합니다. 그들은 늘 느긋할 수 있었던 것입니다.

수렵인을 바라보는 경제 인류학자들은 보통 형식주의자와 실질주의자로 나누어집니다. 전자는 희소성과 경쟁을 보편적 현상으로 규정하면서 원시적 경제를 그저 현대 자본주의 경제의 낮은 수준으로 이해합니다. 반면 칼 폴라니 같은 실질주의자들은 이런 입장을 열성적 옹호자들의 오만으로 봅니다. 사실 수렵 채집인들은 산더미 같은 욕구에 짓눌리지 않았으며, 물질적 필요에 대한 검약 정신을 가졌다는 것입니다. 이로써 그들 사회의 평등주의와 그 지속성을 이해할 수 있습니다.

요구 공유 관행과 게으른 자에 대한 시선

수렵 채집인에게 주고받음은 그 사회를 지배하는 규범이었으며, 다른 사람에게 무엇인가를 요구하는 것은 무례가 아니었습니다. 오히려 그런 요청을 거절하는 것은 이기적이고 극단적으로 무례한 행동으로 간주 되었습니다. 일명 '요구 공유' 관행입니다. 절도와 다른 것은 절도란 묻지 않고 가져가는 것을 뜻합니다. 오늘날 게으르며 얻어먹는 자들에 대해서는 시장 자본주의에서도 사회주의에서도 모두 짜증스러워합니다. 사회주의는 게으른 부자를 악인 취급하고, 자본주의자들은 빈민을 조롱의 대상으로 삼는 경향이 있습니다. 하지만 요구 공유의 수렵 채집인들은 이들을 구분하지 않았다는 점이 흥미롭습니다.

도시의 탄생과 정보 세계

그 이후 농경 생활, 도시의 탄생, 공장의 출현 등이 경제적 활동 양식과 관련하여 큰 변화를 가져온 시점들이었습니다. 그런데 여기서 도시의 탄생은 일에 있어서 완전히 새로운 기술과 전문성과 업종이 발생할 씨앗을 뿌렸다는 점에 크게 주목하고 있습니다. 호모 사피엔스는 정보 세계의 폭식자로 규정되기도 합니다. 우리는 정보를 얻고 처리하고 정돈하는 데 특화된 종이라는 것입니다. 두뇌가 근육의 힘보다 유리할 수 있는 유일한 종이며, 정보를 받지 못하면 우리는 괴로워한다고 설명합니다.

시장 경제의 한계와 '불쉿 직업'

 오늘날의 시장 경제에 대해서는 시장은 무능한 가치 중재자에 불과하며, 환경 문제에 관해서는 시장은 파괴자임을 인정해야 한다고 말합니다. '보이지 않는 손'을 믿는 것은 위험하다는 것입니다. 서비스업에서 무의미한 직업이 왕성하게 번식하는 현상도 지적합니다. 경쟁만 부추기는 이른바 '불쉿 직업'들로는 놀랍게도 홍보 회사 사장, 법률가, 학계 행정관, 금융업 종사자 등을 꼽습니다.

새로운 제안과 이 책의 강점

 결국, 오늘날 화두인 보편적 기본소득을 지급하고 징세의 초점을 소득이 아닌 자산에 맞추며, 개인이나 회사에 주는 기본권을 생태계와 중요한 서식지까지 확대하자는 제안까지 합니다. 이 책의 강점은 고고학, 인류학, 진화 생물학, 동물 행동학, 경제학, 물리학 등을 넘나드는 화제의 풍부함에 있습니다. 그러면서도 그 전개가 혼잡스럽지가 않고 잘 정돈된 섬세함이 빛납니다. 그리고 유머도 있습니다. 이 책은 노동과 경제의 역사를 통해 인간의 삶과 미래를 성찰하며, 통념을 깨는 깊이 있는 분석을 제공합니다.

제3부. 기술과 인간

대한민국 대표 뇌 과학자인 카이스트 김대식 교수의 책입니다. 이 책은 저자가 건명원에서의 진행했던 강의 내용을 책으로 엮은 것입니다. 이 책은 한 뇌 과학자가 인간의 존재 문제를 파헤친 글로, 존재란 무엇인가, 의미란 무엇인가, 의식이란 무엇인가 등의 화두를 파고든 과학과 인문학의 융합서로 볼 수 있을 것 같습니다. 김대식 교수는 여기서 뇌 과학의 최신 연구 결과를 바탕으로 인간의 본질에 대한 깊이 있는 질문을 던지며, 독자들이 과학과 철학의 경계를 넘나드는 사유의 경험을 할 수 있도록 안내하고 있습니다.

1장. 『인간을 읽어내는 과학』 (김대식 저)

뇌 과학으로 본 인간의 존재와 의미

뇌의 최신 정보와 한계

 뇌 과학 분야의 전문가답게 뇌에 관한 많은 최신 정보들을 담고 있습니다. 우선 뇌의 시각 해상도가 흥미롭습니다. 대략 1도 크기로 눈에서 1m 간격의 엄지손톱 하나 크기가 두뇌 인지의 한 픽셀 단위라고 합니다. 또 뇌는 다양한 기능을 가지지만 연결 방식이 다를 뿐 그 모양은 언제나 같은 기본 블록 모델이라고 합니다. 그런데 아직도 뇌가 어떻게 외부 정보를 코딩하여 저장하는지, 즉 뉴럴 코딩 이론을 밝혀내지 못했으며 이 '뇌의 언어' 알고리즘을 해독해낸다면 노벨상감이라고 합니다. 물리학이나 분자 생물학과 비교하면 뇌 과학은 아직도 미개한 초보 단계인 셈입니다. 이는 인간 뇌의 복잡성과 미지의 영역이 얼마나 광대한지를 보여주며, 앞으로 뇌 과학 연구가 나아갈 방향에 대한 기대감을 높여줍니다.

인간 뇌의 비합리성

 우리가 사는 현대는 과학화, 산업화 시대이며, 우리는 합리적이라는 계몽주의적

인간상을 품고 있습니다. 하지만 실상 인간의 뇌는 합리적이지 않다고 말합니다. 즉, 뇌는 객관적으로 판단하는 기계가 아니라 이미 판단된 선택을 정당화하는 기계라는 겁니다. 실상 우리의 종교관이나 정치관이란 것도 그러하지 않은가 생각해보게 됩니다. 이는 인간의 인지적 편향과 감성적인 측면이 의사 결정에 얼마나 큰 영향을 미치는지를 보여주며, '합리적 인간'이라는 통념에 대한 반론을 제기합니다.

삶의 의미와 유전자의 숙제

삶의 의미에 대해서는 진화 생물학의 관점도 보여줍니다. 저자는 진화 과정에서 그 어떤 의도적 설계가 있었다고 보지 않습니다. 다만 받은 유전자를 제대로 넘겨주는 것이 자연이 우리에게 프로그래밍한 숙제로 봅니다. 자연은 나이 든 사람보다 젊은 사람에게 관심을 가질 수밖에 없는 것도 이런 측면 때문이라고 말합니다. 그 대신 나이가 들면 숙제에서는 자유로워질 것입니다. 이는 삶의 의미를 생물학적 진화의 관점에서 해석하며, 인간 존재의 근원적인 목적에 대한 새로운 시각을 보여줍니다.

의식과 교육 심리학

다만 저자는 물질과 구분되는 의식, 정신 같은 것이 별도로 이 우주에 존재한다고 보아야 하지 않겠냐는 이기 이원론적 사고를 드러냅니다. 의식이 의미를 만들어내며 이는 좀비나 기계와는 다른 인간의 특성이라고 하지만, 여전히 이에는 반기를 드는 이기 일원론적, 유물론적 뇌 과학자들도 많습니다. 이처럼 의식의 본질에 대한 철학적 논쟁은 여전히 활발하게 진행 중입니다.

뇌 발달과 교육

뇌 과학 측면에서 바라본 교육 심리학도 제시합니다. 인간의 시냅스는 일단 생후 10~12년이 결정적이라고 합니다. 특히 언어 능력은 이 시기에 마무리되며, 무작위로 연결된 시냅스가 최적화되면서 하드웨어가 거의 결정된다는 것입니다. 성격이나 사회성을 좌우하는 뇌 영역의 발달 측면은 17~18세에 끝난다고 합니다. 결국, 교육에는 황금기가 존재한다는 것이며, 유년기 교육의 중요성을 새삼 확인하게 됩니다.

인간의 보잘것없음과 20대의 실패 경험

마지막 장은 Q&A 형식인데, 인간의 보잘것없음을 토로합니다. 138억 년이라는 광대한 우주의 시간 중에 지구라는 촌스러운 혹성에서 우리가 경험하는 시간은 겨우 70~80년 정도입니다. 특히 대한민국에서는 스무 살 이전엔 독립적 자아로 인정받지도 못하고, 서른 이후엔 현실적 삶의 무게에 짓눌린다고 합니다. 따라서 20대에 실패를 마음껏 경험해보라는 이야기가 참 인상적입니다. 그러면서 삶의 유한성 속에서 젊은 시절의 도전과 실패가 얼마나 중요한 자산이 될 수 있는지를 역설합니다.

이 책의 저자는 독일에서 니체, 데리다를 전공했던 서양 철학자이지만, 인공지능과 사이보그를 주제로 하는 기술 철학을 가르치는 와세다 대학의 다카하시 도루 교수입니다. 이 책은 문과생들을 위한 일종의 인공지능 철학 개론서라고 할 수 있을 것입니다. 저자는 인공지능이 인간 사회에 미칠 영향과 그에 따른 철학적 질문들을 문과적 시각으로 풀어내며, 독자들이 기술 발전의 본질을 이해하고 미래 사회를 준비하는 데 도움을 주고 있습니다.

2장. 『로봇 시대에 불시착한 문과형 인간』
(다카하시 도루 저)

인공지능과 포스트휴먼 시대의 철학

가소성과 인간의 행복

일단 진화론 관점에서, 스스로 자신을 변형하면서 외부 적응력을 키워가는 것을 저자는 '가소성'으로 표현합니다. DNA도 그러한 것이고, 뇌의 시냅스 활동도 그러하다고 말합니다. 딥러닝 기계학습도 마찬가지입니다. 그러면서 인간은 그러한 가소성을 통해 자신의 능력을 키워지는 데에 행복과 희열을 느끼는 존재입니다. 이런 관점은 인간의 본질적인 욕구와 기술 발전의 연관성을 잘 설명하며, 인간이 왜 끊임없이 새로운 기술을 추구하는지에 대한 실마리를 제공합니다.

인공지능 기술의 역할과 포스트휴먼 예측

인공지능 기술은 인간의 능력을 확장하는 역할을 할 것이며, 이는 인간의 쾌감까지 끌어올리게 되므로 인류는 이러한 기술의 채용에 용감하게 전진할 것으로 봅니다. 또 플라톤의 주장대로 문자가 글쓴이의 의도를 벗어나 새로운 해석이 될 수 있듯이, 이런 기술도 인간의 창조성을 대체하며 마침내 본 의도를 초월할 수 있다고 말합니다. 결국, 생물성을 초월하여 전자적 공간에서 살아가는 포스트휴먼 시대를 예측합니다. 사실 마인드 업로딩 기술은 이미 상당한 진전을 보입니다. 2011년에는 쥐의 기억과 소뇌 상태를 컴퓨터에 저장했다가 다시 쥐의 뇌로 복구시키는 데 성공을 한 적도 있습니다. 따라서 인간의 뇌는 미래에도 기계가 결코 따라잡을 수 없다고 장담하는 것은 일종의 오만이라고 저자는 말합니다. 이는 인공지능 기술이 가져올 인간 존재의 근본적인 변화에 대한 심오한 질문을 던지고 있습니다.

마인드 업로딩에 대한 철학적 비판

만일 인간의 마인드가 신체를 벗어나 컴퓨터 속에서 살아가는 시대가 올 수 있다면 어떨까요? 이 책 뒷부분에서 저자는 이를 가소성 희열 관점에서 바라보는 무리를 범했다고 좀 어렵게 지적을 합니다. 나의 마음이 컴퓨터로 로드되어 나와 똑같은 생각 기능을 가진다고 과연 내가 그대로 옮겨진 것으로 볼 수 있을까요? 이는 기능적 카피를 본질적 존재 이동과 혼동하는 오류를 범한 것으로 볼 수 있습니다. 이처럼 이 책은 인공지능 기술의 발전이 가져올 미래 사회의 모습을 예측하면서도, 그 이면에 숨겨진 철학적 딜레마와 인간 존재의 본질에 대해 심도 있는 성찰을 불러일으킵니다.

이 책에서 말하는 제7 감각은 무엇을 일컫는 것일까요? 인간은 다섯 가지의 오감(촉각, 미각, 후각, 청각, 시각)을 가집니다. 이 오감은 행동 거리의 확대와 함께 차례로 진화한 감각이죠. 하지만 오래된 감각일수록 강력한 본능에는 가깝습니다. 그리고 제6감이라는 것은 논리적으로 설명하기 어려운 대뇌의 직관력을 일컫습니다. 그럼 도대체 제7감은 무엇일까요? 이 책에서는 변화를 꿰뚫는 혜안, 새로운 상황에 대한 통찰력을 가리키고 있습니다. 인공지능의 딥러닝도 인간의 제6감까지는 상당 부분 따라잡았다고 평가됩니다. 다 계층 신경망 속의 구체적 계산 과정은 그 개발자도 알지 못합니다. 하지만 결과적으로 인공지능은 지난 데이터들의 학습을 통해 모종의 직관력을 증대시키는 능력을 얻습니다. 알파고는 강화 학습으로 실험과 피드백을 통해 각 시냅스의 가중치를 경험적으로 튜닝 해나갑니다. 하지만 딥러닝도 한정된 주제를 초월한 상황까지 포괄적으로 커버하기는 어렵습니다. 즉, 아직 인간 같은 제7감을 가지기는 어렵다는 이야기가 됩니다. 환경이 바뀌면 방대한 새 학습이 들어가지 않는 한 빠른 적응을 할 수가 없습니다. 당분간 기계와 차별화되는 인간의 특성과 경쟁력은 여기에서 찾아야 할 것 같습니다. 이 책은 기술 발전이 가져올 미래 사회에서 인간의 고유한 능력과 역할의 중요성을 강조하며, 새로운 시대에 필요한 '제7 감각'의 본질을 탐구합니다.

3장. 『제7감각, 초연결지능』
(조수아 쿠퍼 라모 저)

네트워크 사회의 통찰력과 광기

제7의 감각: 네트워크 사회에 대한 통찰력

'제7의 감각, 초연결 지능(The Seventh Sense)'이라는 제목의 이 책에서는 제7의 감각을 특별히 네트워크 사회에 대한 통찰력을 일컫는 데 사용합니다. 앞으로의 세계에서는 이 감각을 가지는 그룹과 가지지 못하는 그룹으로 크게 구분될 것이라는 표현도 합니다. 이는 모든 것이 서로 연결되는 사회에서 통찰력과 이해력이 얼마나 중요한 자산이 될 것인지를 시사합니다.

난화이진 대 사부의 가르침과 21세기의 '광기'

저자 조슈아 쿠퍼 라모(Joshua Cooper Ramo)는 국제 컨설팅 계의 거물인데, 오래전 유불선에 통달한 '난화이진'(남회근)이라는 중국의 대 사부를 만나 제7감에 대한 교육을 받은 모양입니다. 중국 선불교의 선문답 대화법은 원래 통찰력을 키워주는 교육법이라고 말합니다. 여기에는 단련된 직관이 필요하며, 온 마음을 쏟아 일순간에 본질에 도달해야 합니다.
 난화이진 사부는 인류의 문제에 대해 이렇게 말했다고 합니다. "19세기 인류의 가장 큰 위협은 폐렴이었습니다. 20세기는 암이었죠. 우리 시대에 나타날, 특히 21세기 초에 나타날 병은 광기입니다." 21세기 우리 삶과 연결된 모든 비트의 물결이 소모의 병을 전염시킬 것이며, 그 병은 우리의 뇌에도 전염되며 지난 질서와 제도들을 급격히 붕괴시킨다는 것입니다.

네트워크 사회의 대응과 새로운 교육의 필요성

 이 책은 네트워크 세계의 힘과 위험성을 경고할 뿐, 어떻게 대응할 것인가의 구체적인 정책이나 세부 전략을 내놓지는 못합니다. 다만 낡은 질서에 부합하는 시스템에서 제7감을 가진 지도자가 저절로 출현하기는 어려우므로, 우리에게 연결된 시대의 자질을 가르칠 플라톤의 아카데미 같은 새로운 학교가 필요하다고 주장합니다. 역사적으로 중국 리더들은 모든 문예에 통달한 르네상스 교양인이었습니다. 그런데 이는 섬세하게 조정된 강한 내적 에너지를 배양했던 탓이라고 말합니다. 과거의 기술들은 우리가 채 이해되기도 전에 새 기술로 대체되는 시대가 되었습니다. 그러므로 한 분야에 근사하게 통달되는 것만으로는 부족합니다. 중요한 본능 하나를 키워야 하는데, 이것이 제7감이라는 것입니다. 이 책은 급변하는 네트워크 사회에서 통찰력의 중요성을 강조하며, 새로운 시대에 필요한 교육과 리더십의 방향을 제시합니다.

몇천 년 전 구술 문화에서 문자 문화로 이동한 시기가 있었습니다. 당시 이집트인들은 쓰인 글은 기억을 상기시키기 위한 재료일 뿐이며, 글을 사람들에게 제공하는 것은 진정한 지혜가 아닌 껍데기이자 허영일 뿐이라며 글쓰기를 비하하기도 했습니다. 한참 후 15세기에 와서는 구텐베르크의 활판 인쇄기가 책이 대중문화 영역으로 빠르게 편입되는 것을 도왔습니다. 이때부터 책이 보편화되면서 수도원과 상아탑에 갇혀있던 문학적 사고도 대중에게 널리 퍼져나갔습니다. 책 속의 단어들은 인간의 추상적 사고력과 상상력을 강화해 주었으며, 바깥 물리적 세상에 대한 경험을 풍부하게 만들어 주었습니다. 이 책은 기술의 발전이 인간의 사고방식과 뇌 기능에 미치는 영향을 역사적, 심리학적 관점에서 심도 있게 분석하고 있습니다.

4장. 『생각하지 않는 사람들』 (니콜라스 카 저)

인터넷이 뇌에 미치는 영향

새로운 미디어의 등장과 책의 생존

하지만 19세기 초 신문이 나왔을 때 관계자들은 책들이 매체의 신속성에 밀려 사라질 위기에 놓인 것으로 보기도 했습니다. 토머스 에디슨의 축음기가 나왔을 때는 책으로 전달되던 이야기들은 이제 소리의 형태로 청취자에게 전달될 것이며, 도서관은 축음기관으로 바뀔 것이고, 사람들은 작은 오디오 플레이어를 필수품으로 지니고 다닐 것으로 예측했다고 합니다. 하지만 책은 신문을 극복했듯이 축음기도 극복해냈습니다. 그럼 인터넷은 어떠할까요? 인터넷과 웹은 조간신문, 라디오, 텔레비전보다 훨씬 지속적으로 우리의 관심을 지배하고 있습니다. 이는 우리의 뇌의 신경 통로조차 상당한 수준으로 변화시키고 있다고 합니다.

멀티미디어의 역설과 스마트폰의 영향

처음에는 사람들이 온라인에서의 멀티미디어가 이해를 심화시키고 학습 능력을 끌어올릴 것이라고 예상했습니다. 하지만 이런 예측은 연구 결과 멀티미디어에 따른 집중력의 분산이 오히려 학습 성과를 낮추고 이해력의 약화를 가져온다는 반박에 직면했습니다. 이 책은 우리가 도구와 맺는 긴밀한 관계는 쌍방향적이며, 모든 도구는 여러 가능성을 열어주는 동시에 한계도 가져다준다고 말합니다. 이를테면 컴퓨터로 편집하며 글을 쓰던 사람들은 무언가를 자필로 써야 할 때는 당황스러움마저 느끼게 된다는 것입니다.

스마트폰과 집중력 저하

저자는 이번 개정증보판에서 휴대용 개인 컴퓨터로 자리 잡은 스마트폰을 우리의 집중력을 장악하는 주범으로 지목했습니다. 스마트폰 사용 시간의 폭발적 증가로 인해 책을 읽으며 한가롭게 보내는 경험은 보편적 문화로서의 위치를 잃어간다는 것입니다. 또 연구에 의하면, 스마트폰을 단지 가까이 두고 있다는 사실만으로도 대인 친밀감과 신뢰 형성을 제약하며, 상대방이 자신에게 공감하고 이해한다고 느끼는 정도 역시 저하되게 했다고 말합니다. 결국, 저자는 자극으로 인해 뇌가 과부하 걸리면, 집중력은 산산조각이 나고, 사고는 피상적이 되며, 기억력도 저하된다는 점을 지적한 것입니다. 즉, 인터넷이 우리를 덜 사색적이며 더 충동적이 되게 하면서 인간 지능을 더 저하시킬 수 있다는 경고입니다. 이 책은 디지털 시대에 우리가 맞이하는 새로운 도전에 대해 경각심을 일깨우며, 깊이 있는 사고와 집중력의 중요성을 다시 한번 강조합니다.

커다란 파장을 몰고 왔던 인공지능 주제의 책인 '제2의 기계 시대'의 두 저자(앤드루 맥아피, 에릭 브린욜프슨)가 또 하나의 새 책을 세상에 펴냈습니다. 이 번역서의 원저 제목은 'Machine/Platform/Crowd!'인데, 이는 앞으로 다가올 삼중 혁명에 관한 이야기입니다. 첫째는 인공지능 기계 이야기이며, 둘째는 플랫폼 비즈니스에 관한 이야기이고, 셋째는 크라우드(crowd) 활용에 관한 이야기입니다. 이 책은 기술 발전이 가져올 미래 비즈니스 환경의 변화를 세 가지 핵심 키워드를 통해 심도 있게 분석하고 있습니다.

5장. 『머신, 플랫폼, 크라우드』 (앤드루 맥아피 저)

삼중 혁명과 미래 비즈니스

인공지능의 진화와 '폴라니의 역설'

 인공지능에 있어서 획기적인 전환점으로 저자는 알파고의 탄생을 꼽고 있습니다. 우리는 바둑 고수의 암묵적인 지식을 분명하게 설명하기가 쉽지 않습니다. 그런데도 최고수 바둑을 두는 컴퓨터를 개발할 수 있을까요? 이런 것을 '폴라니의 역설'이라고 부릅니다. 그런데 이 역설을 뛰어넘은 것이 바로 알파고라는 것입니다. 알파고는 학습을 통해 스스로 알고리즘이 변화되는 기계로, 대량의 자료 속에 담긴 미묘한 패턴들을 식별해내며 행동과 그 결과를 연관 짓도록 설계된 것입니다. 이는 인공지능이 인간의 직관적 지식까지 모방하고 능가할 수 있음을 보여주며, 기술 발전의 놀라운 속도를 체감하게 합니다.

플랫폼 비즈니스와 크라우드 활용

 그다음 세계에서 부상하고 있는 플랫폼 비즈니스의 세계도 흥미롭습니다. 우버든 페이스북이든, 알리바바든, 에어비앤비든 자신이 직접적인 생산품이나 장기 자산을 보유하고 있지 않습니다. 이 중 특히 개인화 마케팅이 가능한 페이스북의 광고 수익은 엄청납니다. 마지막으로 크라우드 활용의 대표적 사례로는 GE의 인디고고(Indiegogo) 제빙기 판촉 행사를 꼽습니다. 크라우드란 일반 대중(crowd)의 자발적 참여를 이용하여 홍보나 판촉을 하는 활동인데, 입소문, 집단지혜, 콘텐츠 생산 등을 끌어낼 수 있습니다. 인디고고는 크라우드 펀딩 커뮤니티이지만, GE는 오팔이라고 하는 제빙기의 수요 조사를 위한 판촉 행사를 이곳 시스템을 통해 진행했습니다. 이는 플랫폼과 크라우드가 미래 비즈니스 모델의 핵심 요소로 부상하고 있음을 보여줍니다.

기술 혁신과 인간의 역할

 요컨대 저자는 기계, 플랫폼, 크라우드라는 세 가지 렌즈를 통해 세상을 바라보고 상품이나 서비스를 설계해야 한다고 주장합니다. 더불어 기계는 마음과 플랫폼은 생산물과 그리고 크라우드는 조직의 핵심 역량과 대응 관계에 있다는 것에 주목해야 합니다. 그럼 제2의 기계 시대는 언제부터 시작된 것으로 보아야 할까요? 첫 단계는 디지털 기술이 일상으로 파고든 1990년대 중반으로 봅니다. 그다음 본격적인 단계는 2010년대로 판단합니다. 딥러닝 기술, 스마트폰 등을 통해 전 세계의 지식이 연결되기 때문입니다. 100년 전 전기 기술이 증기를 대체하며 제조업을 파고드는 상황을 복기해 봅시다. 이는 단순 경비 절감 차원이 아니라 기계마다 단위 동력을 갖추는 의미가 있습니다. 따라서 업무와 생산 공정을 개념적으로 재정의하고 체계화할 수 있었습니다. 제2의 기계 시대에도 혁신 기술과 기계가 인간을 지배하는 것을 두려워할 필요는 없다고 봅니다. 기술은 도구일 뿐이며 이를 결정하는 것은 인간이기 때문입니다. 또 기계는 또한 새로운 상품과 서비스를 창안하는 것 같은 대규모적 창의성과 기획에는 약한 측면이 있습니다. 이 책은 기술 발전의 방향을 예측하며, 인간과 기술의 조화로운 공존을 위한 새로운 전략을 제시합니다.

미래의 인공지능 시대를 이끌고 나갈 세계적 선두 기업들 관련 세 가지 미래 시나리오(낙관적/실용적/파국적)와 AI 위기관리 대책에 관한 이야기입니다. AI 선두 기업이란 중국의 BAT(바이두, 알리바바, 텐센트)와 미국의 G-MAFIA(구글, 마이크로소프트, 아마존, 페이스북, IBM, 애플) 등 9개 주자(Big Nine)를 일컫습니다. 이 책은 인공지능 기술 패권을 둘러싼 글로벌 경쟁 구도와 그로 인해 발생할 수 있는 미래 사회의 다양한 시나리오를 심도 있게 분석하고 있습니다.

6장. 『빅 나인』 (에이미 웹 저)

AI 시대의 선두 기업과 미래 시나리오

AI와 클라우딩, 그리고 중국의 약진

우선 AI와 클라우딩은 일시적 기술 트렌드가 아닌 제3세대 컴퓨팅 시대를 여는 큰 기술이라는 점을 부각합니다 (1세대는 기업형 컴퓨터 시대, 2세대는 개인용 PC 시대). 그다음 AI와 관련한 중국의 두서운 약진에 대해서 경종을 울립니다. 중국에서 이 계통의 기술은 시진핑 정부의 야심과 맞물려 있습니다. 중국은 AI 초강대국이 되기 위해 위로부터의 통제와 함께 엄청난 투자 및 인재 양성을 해나가고 있습니다. 중국 3AT는 상장 기업이긴 하지만, 사실상 국가와 국익을 위해 뛴다고 해도 과언이 아닙니다.

현대 AI 비즈니스의 진앙지는 실리콘밸리, 베이징, 항저우, 선전 등입니다. 하지만 실상 카네기멜론대(2018년 AI 전공학과 개설), UC 버클리대, 스탠퍼드대, 하버드대, MIT 등의 대학들이 그 개발자들 그룹의 원동력입니다. 중국 검색 엔진으로 유명한 바이두만 해도 세계적 AI 선도자인 앤드루 응 박사(학사: 카네기멜론대, 석사: MIT, 박사: UC 버클리대, 교수: 스탠퍼드대)를 2014-2017년 영입한 이후 가정용 로봇과 아폴로라는 자동 주행 플랫폼을 발표했습니다(현재 앤드루 응 박사는 바이두를 떠난 상태입니다). 이는 중국의 AI 기술 발전과 글로벌 시장에서의 영향력을 명확하게 보여줍니다.

중국의 AI 전략과 미래 전쟁

 중국은 경제적, 지정학적, 군사적으로 가까운 시일 내에 세계를 지배한다는 명확한 목표를 가지고 있으며, AI를 그 목표로 가는 통로로 여깁니다. 미래의 전쟁은 육박전이 아닌 코드와 AI 기술을 통한 경제 공격으로 이루어질 것으로 보기 때문입니다. 이는 AI가 단순한 기술을 넘어 국가 안보와 패권 경쟁의 핵심 요소로 부상하고 있음을 보여줍니다.

파국적 시나리오와 GAIA 설립 제안

 만일 파국적 시나리오로 간다면 30년쯤 후에는 G-MAFIA 중 구글, 애플, 아마존만 살아남게 될 것이라는 놀라운 예측이 등장합니다. 페이스북이 가장 먼저 파산을 선언할 것으로 예측하며, 그다음 MS와 IBM은 구글에 인수될 것이라는 놀라운 시나리오입니다.
 한편, 낙관적 시나리오로 가기 위해서 국제 인공지능 연맹(GAIA; Global Alliance on Intelligence Augmentation) 설립을 제안합니다. 여기에서는 Big Nine이 잘 연구된 인류의 가치 체계 부합을 최우선으로 고려하도록 AI 개발에서의 윤리성 부여 및 투명성 제공에 공식 동의해야 합니다. GAIA는 개인의 자유와 글로벌 선과의 균형을 지향하는 권리 프레임워크를 고려해야 하는데, 여기에는 인류가 AI 발전의 중심에 있어야 하며, AI의 안전을 독립적으로 검증할 수 있어야 하고, AI로 인한 피해에 대한 관리 절차가 포함되어야 합니다. 또한, AI의 독적과 사용 데이터의 표준적 투명화, 개인 정보 기록(PDR)의 분산과 보호 등도 요구됩니다. 인류를 위해서는 AI의 개발 주기를 함께 의도적으로 늦추는 약속이 필요하다는 주장도 합니다. 하지만 저는 이런 약속이 장기적으로 지켜지기는 거의 불가능하다고 봅니다.

AI 시대의 교육 변화

저자는 우선 대학에서 컴퓨터 과학에다 철학, 인류학, 정치학, 사회학 등의 복수 전공을 장려해야 한다고 주장합니다. 또 윤리를 독립적이고 형식적인 한 교과목이 아니라 모든 과목에 접목하는 노력도 필요하다고 봅니다. 이 책은 인공지능 시대의 도래에 따른 사회적, 윤리적 문제들을 인식하고, 이를 해결하기 위한 국제적인 협력과 교육 시스템의 변화를 강력하게 촉구합니다.

빌 게이츠의 신임을 받으며 현 마이크로소프트 회장직을 맡고 있는 브래드 스미스(Brad Smith)가 쓴 책입니다. 국제법의 권위자로 인정받는 변호사이기도 하며, MS에서 CLO(최고 법률 책임자)를 겸직하고 있습니다. 이 책을 보면 철학이 있는 기술인이나 인문학 출신의 비 기술인이 기술 회사를 이끈다는 것이 어떤 의미인지를 새로이 깨닫게 됩니다. 저자는 인문학적, 사회학적 관점에서 이 시대 기술의 흐름과 사회적 반향을 통찰하는 이른바 기술 철학을 펼쳐나갑니다. 경영인들은 기술이 사회에 미치는 파장에 대해 깊이 고민하고 미리 이에 대한 대비책과 함께 기술 기업의 방향을 잡아가는 능동적 자세가 요구된다는 것이 이 책 전반에 흐르는 맥락입니다. 그러면서 최신 기술들은 더는 기술인 그들에게 만에 속한 것이 아니라는 것입니다. 과학 기술인들은 자신들이 다루는 기술의 방향을 정부 관료나 사회적 리더들과 소통하면서 그 이해력을 공유하는 데 대한 노력도 기울여야 한다고 주장합니다. 미래형 첨단 기술의 윤리적 문제를 해결하기 위해서는 자체적 기술 철학에 관한 교육 프로그램들이 필요하겠지만, 그렇다고 기술 자체가 천천히 나아가도록 통제할 수는 없다고 봅니다. 기술의 속성은 그럴 수 없기 때문입니다.

7장. 『기술의 시대』 (브래드 스미스 저)

기술, 사회적 책임, 그리고 인재관

인공지능의 정의와 기술 발전

저자의 인공지능에 대한 통찰이 인상적이었습니다. 우선 AI에 있어서 규칙들을 이용하여 지능을 개발하는 데에는 그 복잡성으로 인한 한계가 온다는 점을 지적합니다. 이미 인간들도 규칙에 관한 추론보다는 경험에 기초한 패턴 인식 방식으로 살아간다는 것입니다. 결국, AI란 인간 사회에서 뿌려지고 있는 방대한 데이터들에서 패턴을 식별하는 방식이며, 경험을 통해 배우고 의사 결정을 하는 컴퓨터 시스템입니다. 이는 두 가지 기술적 능력에 기초하는데, 인간 수준으로 지각하는 인식 능력과 인간 수준의 추론적 이해 능력입니다. 최근 AI가 비상하는 데에 발사대 역할을 했던 기술 발전으로는 다음 몇 가지를 꼽습니다. 첫째 컴퓨팅 파워, 둘째 클라우드 컴퓨팅, 셋째 디지털 데이터의 폭발적 성장, 넷째 소프트웨어적 추론 및 학습 능력입니다.

AI 윤리 원칙과 민주화

저자는 AI가 이 사회에 미치는 파장을 우려하면서, 알고리즘의 투명성과 책임감, 군사적 살인 로봇 방지 등과 같은 AI 윤리 원칙들을 정립해야 한다고 봅니다. 또한, 누구나 전기를 사용하듯 그 기술의 투명성이나 데이터의 접근성을 일반에게 여는 'AI 민주화'가 필요하다고 말합니다. 이는 기술의 발전이 가져올 사회적 문제를 예측하고, 이에 대한 윤리적, 사회적 합의를 통해 건강한 기술 생태계를 조성해야 함을 의미합니다.

인재관과 기업의 사회적 책임

그의 인재관도 흥미롭습니다. 우선 IT 기업의 실력을 결정하는 것은 오로지 다음번 제품뿐이며, 그 우수성을 결정하는 것은 그것을 만드는 사람들이라고 전제합니다. 따라서 기술은 기본적으로 사람 사업이며, 각국은 세계 최고의 인재를 영입할 이민 정책을 세워야 한다고 말합니다. MS 연구소에는 1200명의 박사가 있고, 그중 800명은 컴퓨터 과학 학위 소지자라고 합니다. 주요 대학의 이 학과에서 교수진과 연구원은 60-100명 수준입니다. 그런데 MS 연구소는 세계 최고 대학의 컴퓨터 과학과를 10배로 키운 셈이고, 과거 AT&T의 벨 연구소 조직의 현대판을 구축한 것이라고 자부심을 드러냅니다.

저자는 이 책의 결론 부분에서 기업이 사회적 책임을 다하기 위해 더 많은 일을 하면서도 여전히 충분히 성공할 수 있다는 점을 강조했습니다. 과거에 IT 기업들이 기습적 기술 및 시장 개발로 최대한 많은 이용자를 끌어오는 데 초점을 맞춘 것과는 대조가 되는 자세입니다. 또 기술이 세상의 이슈와 충돌할 때 금융, 법률, 인사 부분의 강력한 지도자가 더욱 요구될 수 있다는 점을 언급합니다. 오늘날의 이슈와 시장 요구는 과거보다 더욱 광범위하고 복잡하며, 제품이 가야 할 방향을 결정하는 대원칙을 정하기가 쉽지 않기 때문입니다. IT 기업 리더들은 사적인 자리에서 서부 실리콘밸리와 동부 워싱턴 간의 (생각의) 간격에 대해서도 불평하며 혁신의 가장 큰 걸림돌은 정부의 과잉 규제라고 주장합니다. 하지만 저자는 과잉 통제의 위험성은 아직 요원하며, 그보다는 이 사회의 자유와 인권의 가치를 깊이 존중하는 기술관리 책임자가 되어야 한다고 일침합니다. 이 책은 기술 기업의 사회적 책임과 윤리적 리더십의 중요성을 강조하며, 미래 기술이 나아가야 할 방향에 대한 깊은 생각의 기회를 제공합니다.

메타버스(metaverse)와 게임 리터러시의 전문가 김상균 교수는 이 책에서 게임은 원래 시간이 많은 귀족의 고급스러운 취미 생활이었다고 말합니다. 이를테면 조선 시대 집에 바둑판을 갖추고 장시간 바둑을 둘 수 있는 사람은 대개 양반이었을 것입니다. 하지만 바쁘게 돌아가는 산업 사회에 이르러 평민이 여가를 내어 게임을 즐기는 것은 개인의 생산성을 저하하는 바람직하지 못한 부정적 습관으로 폄하되었을 것입니다. 더구나 오늘날에도 뉴스에서는 게임에 대해 폭력성, 중독 등을 언급하며 매우 부정적 관점으로만 묘사하는 경향이 있습니다. 이 책은 게임에 대한 부정적인 인식을 깨고, 놀이가 인간의 삶과 학습에 미치는 긍정적인 영향을 다 각도로 조명하고 있습니다.

8장. 『게임 인류』 (김상균 저)

놀이, 메타 인지, 그리고 게임 문화의 미래

놀이의 중요성과 창의적 기여

하지만 이 책은 역사에 기록된 게임은 인간에게 다양한 경험과 즐거운 체험을 선사하는 배움과 성장의 동반자였다는 점을 간과해서는 안 된다고 말합니다. 인류의 문화, 사회에서 놀이의 중요성을 강조하며 현생 인류를 놀이하는 인간, 즉 '호모 루덴스'로 호칭하는 학자도 있습니다. 또 스티브 존슨의 '원더랜드'라는 책에서는 놀이와 쾌락을 추구하는 것을 인간의 본성으로 보면서, 놀이의 과정에서 얻는 창의적 아이디어는 학문과 산업에도 상당히 긍정적인 기여가 가능하다는 표현도 합니다.

확률론의 탄생과 게임의 재미

오늘날 수학, 통계, 전산, 과학, 금융 등에서 확률론의 역할은 지대합니다. 역사적으로 확률론은 17세기 프랑스 귀족이 카드 게임을 하다가 게임을 중단하는 사태가 발생하면서, 파스칼에게 그 보상의 분배 문제를 묻는 과정에서 탄생했습니다. 여기에는 서신을 주고받은 페르마도 큰 역할을 했습니다.

그런데 게임은 공부와는 달리 왜 그다지 재미있는 것이며, 때론 중독에 빠질 만한 강력한 요소까지 가지고 있는 것일까요? 공부의 경우 부정적인 피드백이 많고 그 보상은 너무 먼 곳에 있지만, 게임의 경우엔 즉각적인 피드백과 긍정적인 심리적 보상이 많기 때문으로 분석합니다. 이는 인간의 학습 동기와 보상 시스템의 차이를 명확하게 보여줍니다.

게임의 교육적 효과와 메타 인지 능력

게임의 기본 구조는 미션-피드백-리워드라고 합니다. 교육학에서는 결과가 아닌 그 과정을 칭찬하는 것을 '마이크로 피드백'이라고 말하며, 아이에 관한 관심과 더불어 이러한 칭찬이야말로 아이를 춤추게 한다고 봅니다. 그리고 게임을 하는 동안 성취감, 판타지, 탐험, 자기표현 등의 재미를 느낍니다. 기업들도 인간의 이러한 본성을 관찰하고 이해하며 연구할 필요성이 커집니다. 게임을 통해 인간과 세계를 이해하는 능력을 게임 리터러시라고 말합니다.

저자는 게임을 통해 인간의 메타 인지 능력이 향상된다는 예찬론도 펼칩니다. 나의 레벨에서 발휘 가능한 능력과 내게 부족한 정보, 그 정보를 얻기 위해 해야 할 행동 등에 관한 생각의 지도가 잘 만들어진다는 것인데, 이것이 메타 인지력입니다. 저자는 여기에서 한술 더 떠서 아이가 공부를 못할수록 게임을 권하라는 의외의 조언도 합니다. 반 친구들은 성적에 따라 상하 관계 같은 것이 형성되어 있어서 스스로 한계가 규정되곤 하는데, 놀이가 그 수직적 관계 마인드를 수평으로 재조정하는 효과가 있다는 것입니다.

게임의 동기와 미래 전망

 하지만 아이에게 게임이 정해진 분량의 공부한 후에 얻는 보상이 되어서는 곤란하다고 주의를 환기합니다. 동기에는 꿈이나 호기심 같은 내재적 동기와 타인의 인정이나 보상 같은 외재적 동기가 있는데, 게임이 외재적 보상이 되는 순간 놀이와 교육 모두 망치기 쉽다고 조언합니다. 일반적으로 우리가 게임에 빠져드는 것에 대해서 부정적 생각을 가지는 것은 사실입니다. 이 책을 쓰고 있는 예순이 넘은 제 경우에도 인터넷 바둑 같은 데에 한 번 빠지면 일정 기간 잘 벗어나지 못합니다. 그러면서 그간 시간과 에너지를 낭비했다는 생각에 스스로 자책하곤 합니다. 그렇지만 이 책을 통해 게임을 즐기는 것은 긍정적 측면도 적지 않다는 점(스스로 통제만 어느 정도 될 수 있다면 말이죠)을 인식하게 됩니다. 더불어, 향후 가상현실 세계의 발전 및 오락, 교육 등 다양한 영역에서 게임 문화가 더욱 풍요로워질 미래상들을 새로이 생각해보는 계기도 됩니다. 이 책은 게임이 단순한 오락을 넘어 인간의 성장과 발전에 도움을 주는 잠재력을 지니고 있음을 강조하며, 게임 문화의 미래에 대한 긍정적인 전망을 제시합니다.

미래학에서는 힘, 변화를 만들어내는 결정적 요인인 주체, 에너지원을 실체(substance)로 부른다고 합니다. 미래학자 최윤식 박사는 현실적 문제들을 직시하면서도 늘 철학적 상상력을 가지고 미래, 변화, 실체를 분석한다고 말합니다. 여기서 그의 상상력이란 지식에 기반을 둔 논리적이면서도 확률적인 상상력입니다. 이 책에서 저자는 미래학자답게 이미 와 있는 미래와 가장 먼저 오는 미래, 그리고 곧 뒤따라올 미래와 먼 미래까지 총 네 부분의 미래 모습을 그려내고 있습니다. 우선 코로나로 인한 비대면 환경이 만들어지면서 미래 시장의 발명과 성장은 최소 3년에서 최대 10년 정도는 빨라진 것으로 진단합니다.

9장. 『메타도구의 시대』 (최윤식 저)

미래 기술과 인류의 변화

미래 경쟁을 바꾸는 세 가지 메타 도구

저자는 우선 미래 경쟁의 판을 바꾸는 3개의 새로운 도구에 관해 이야기합니다. 인간이 발명한 도구들을 재창조하는 이른바 '메타 도구' 세 가지입니다. 첫 번째는 나노 기술입니다. 이는 기술이자 곧 도구로, 원자 하나하나를 조작하고 생명체까지 조작할 수 있는 능력을 지닙니다. 둘째는 지능 도구로서 큰 능력을 보여주는 인공지능이며, 셋째는 제조 혁명을 일으킬 3D 프린트입니다. 이 세 가지 메타 도구는 미래 사회의 기술적 변화를 주도하고, 인간의 삶에 혁명적인 영향을 미칠 것으로 예측됩니다.

새로운 원자재: 데이터와 인공지능의 황금기

도구 이외에 새로운 원자재의 출현에 대해서도 언급하는데, 이는 곧 데이터입니다. 미래의 파괴자들은 곧 데이터 강자일 것으로 봅니다. 페이스북, 구글, 아마존 같은 미래 파괴자는 당신이 누구인지, 당신의 관심사는 무엇인지, 당신이 무엇을 구매하는지를 알고 있습니다. 생각, 위치, 소비,

돈의 흐름은 부의 원천인데, 이들은 그 데이터들을 잘 안다는 것입니다.
 저자는 미래 기술 중 가장 서둘러 확보해야 하는 것은 역시 인공지능이며, 향후 10-20년 동안은 인공지능 슈퍼 사이클의 황금기가 될 것이라고 단언합니다. 그러면서 스피어만의 지능론을 소개합니다. 지능은 일반 요인과 특수 요인 두 가지로 구성되는데, 전자는 모든 지적 과제에 공통적으로 영향을 미치는 것입니다.

결정성 지능과 유동성 지능

 그런데 1997년 미국의 심리학자 캐텔은 지능의 이 일반 요인을 다시 결정성 지능과 유동성 지능으로 나누었습니다. 결정성 지능은 교육, 문화적 경험을 통해 형성되며 나이가 들수록 높아집니다. 반면 유동성 지능은 추리, 반응, 기억력처럼 생득적 특성을 가지는데, 이는 20-30대에 최고조에 달한 후 쇠퇴한다는 것입니다. 이는 인간 지능의 특성을 이해하고, 미래 사회에서 인공지능이 어떤 역할을 할 것인지를 예측하는 데 중요한 기반을 제공합니다.

교육 시장의 변화

 그런데 인공지능이 가장 활발하게 변화를 만들어내는 곳은 교육 시장입니다. 교육 분야는 인공지능뿐 아니라 가상현실, 홀로그램 등 각종 신기술이 빠르게 적용될 영역입니다. 중국은 전 세계 에듀티크 유니콘 기업의 절반을 보유하고 있으며, 투자 금액도 세계 1위라고 합니다. 수학 학습 서비스로는 미국의 드림박스 러닝이나 국내의 메스프레소 등이 크게 성장 중입니다.

의료 및 바이오 산업의 미래

코로나19로 부각이 된 최대의 화두는 의료와 바이오산업의 미래인 점도 주목할 만합니다. 알리바바의 인공지능은 흉부 CT를 보고 96% 확률로 코로나 확진자를 파악합니다. 보험 회사의 경우 머지않아 비대면 건강 관리 인공지능 서비스를 출시할 것입니다. 또 원격 진료의 필요성은 전 세계적으로 부각이 되었으며, 디지털 기술은 의료 서비스 비용을 낮추는 데에도 역할을 할 것입니다.

알파고의 신경망 구조

이 책은 놀랍게도 이세돌을 이긴 알파고 알고리즘에 더해서도 이론적으로 잘 소개를 합니다. 알파고의 신경망은 우선 정책망과 가치망 두 가지로 나뉩니다. 정책망은 다시 세 개로 나뉘는데, 첫 번째는 롤 아웃 정책망입니다. 여기에서는 기본 정석이 입력됩니다. 두 번째는 지도 학습 정책망입니다. 기존 기보를 학습시키는 것입니다. 세 번째는 강화 학습 정책망입니다. 가상 실전 대국을 통한 학습량 증대인 셈입니다.

그럼 알파고의 가치망이란 무엇일까요? 정책망을 거쳐 뽑아낸 후보 수들의 평가 함수를 돌려 승률 계산과 함께 각 수의 가치 평가를 하는 곳입니다. 종국까지가 아닌 무작위 선택의 몇십 수 정도를 더 진행해 보며 신속히 형세 판단과 확률 계산을 합니다. 결국, 정책망은 수읽기를, 가치망은 형세 판단을 하는 셈입니다. 나중의 '알파고 제로' 버전에서는 이 두 신경망을 통합하면서 기존 기보 없이 강화 학습만 시켰는데 성능은 훨씬 좋아졌습니다.

스마트 안경과 새로운 세대의 출현

스마트폰이 사라진 미래는 가능할까요? 저자는 가장 강력한 대체재를 스마트 안경이라고 말합니다. 구글의 스마트 안경이 포기된 까닭은 볼품도 없고 무게에 문제가 있었기 때문인데, 2018년 인텔의 스마트 안경인 '반트'는 이런 단점들을 극복한 것 같은 소개를 합니다. 향후 여기에 무선 이어폰과 함께 동시통역 인공지능 기능이 제공되면서 엄청난 사랑을 받고 새로운 세상을 열게 될 것입니다.

Z세대와 A세대 Z세대 이후 A세대가 온다는 설명도 매우 흥미롭습니다. '58 개띠'로 대표되는 베이비붐 세대, 20세기 말 2차 베이비붐의 신

인류 X세대, 그리고 Y세대는 1차 베이비붐 세대의 자녀로 2000년도까지 태어난 컴+인터넷 세대입니다. 요사이 주목받고 있는 2000년대 출생 Z세대는 2차 베이비부머의 자녀로 스마트폰 중심의 생활 패턴을 보입니다. 이들은 여전히 대면 대화를 선호하기는 하나 현실과 가상의 세계 사이의 경계가 무의미합니다.

저자는 10년 후 태어나는 새로운 세대를 A세대라고 부르며, 이 A세대의 특성은 무엇이 될지에 대해서도 예측하고 있습니다. 이들을 A세대라고 부른 것은 Z 다음 A로 순환하기도 하지만, 인공지능(AI)과 가상 현실(Artificial World)과 함께 태어난다는 의미를 부여하기도 한 것입니다. 이들은 가상 환경을 현실보다 더 편하게 여길 것이며, 현실에서는 최소한의 생계만 유지하고 주로 가상 세계에서의 부와 풍요를 추구하고 창조할 것으로 봅니다.

먼 미래의 변화: 지능 물질과 생명 공학 혁명

지금까지의 이야기들은 주로 가까운 미래 이야기들이지만, 저자는 마지막 장에서 먼 미래의 이야기도 펼치며 이 역시 우리가 잘 준비해야 한다고 주장합니다. 먼저 멀리는 그 물질적 변화에 대한 프로그래밍이 가능한 '지능 물질'의 출현을 예고합니다. 특히 분자 단위의 3D 프린터를 이용하여 지능 물질이나 세포 단위 소재를 사용하면 디지털 생명체 같은 것도 만들어질 수 있다는 것입니다.

미래 도시와 건강 산업

먼 미래 도시 개념의 파괴에 관한 예측도 흥미롭습니다. 우선 미래는 국가 간 경쟁이 아니라 도시 간 경쟁으로 판도가 바뀐다고 보았습니다. 그리고 스마트 도시로 초고층 빌딩이나 몇 개의 빌딩의 연결체를 만들어 인구 10만에 가까운 작은 도시를 만들 수 있다고 말합니다. 즉, 주거, 업무, 놀이, 쇼핑, 에너지 등이 함께 있는 도시 속 도시를 일컫습니다. 이런 측면에서 도시 설계 및 건설은 미래의 유망 산업이 될 것으로 봅니다.

21세기 변화에서 가장 눈여겨볼 만한 분야는 역시 생명 공학에서의 혁신입니다. 즉, 21세기 부의 대이동은 '건강하게 오래 사는 산업'으로 쏠린다는 것입니다. 특히 상위 10% 집단이 가장 큰 비용을 지불할 용의를 가진 영역이 바로 이런 쪽이라는 것은 분명해 보입니다. 일차적 의료 혁명으로는 질병 진단 개인화 서비스일 것으로 봅니다. 최근 한국에서도 피 한 방울로 15분 이내에 암을 95% 확률로 진단 가능한 휴대용 센서가 개발되었다고 합니다.

영생의 추구와 지능 대폭발 시대

21세기 중후반에 이른다면 최고의 소비 품목은 '영생'이 될 것이라고 합니다. 이미 구글 창업자들은 2013년에 캘리코(Calico)라는 회사를 설립하여 인간 수명을 500세로 연장하는 연구에 돌입한 바 있습니다. 이른바 생물학적 반 영생을 노린 것인데, 여기에는 디지털 기술, 나노 기술이 핵심이 될 것입니다. 나노 기술은 인간에게 신의 원자 기술을 사용할 수 있도록 길을 연 것이나 다름없다고 표현합니다.

지능형 기계의 출현과 인류 진화의 종말에 대해 미래학자들은 이렇게 말합니다. 지난 100년의 변화는 인류 전체의 그전 변화와 맞먹는다고 말입니다. 그리고 지난 10년의 변화는 지난 100년의 변화와 맞먹고… 그럼 향후 10년간 변화는 어떠할까요? 그리고 향후 100년의 변화는 어떠할까요? 만일 어느 시점 지능형 기계가 인간이 만든 것보다 더 뛰어난 초 지능형 기계를 만들어낸다면? 지능 대폭발 시대가 도래할 것이며, 아마도 인류 진화는 멈추고 우려처럼 기계들끼리 진화하는 시대가 열릴지도 모릅니다. 이 책은 미래 기술의 혁명적인 변화와 그로 인한 인류의 진화 방향, 그리고 사회 전반에 미칠 지대한 영향에 이르기까지 과감하면서도 잘 정돈된 예측을 제공합니다.

메타버스와 함께 기술 혁신의 주요 키워드로 NFT(Non-Fungible Token; 대체 불가 토큰)를 내세우기도 하는 모양입니다. 블록체인 기술로 유무형 자산을 토큰화해서 그 소장과 거래의 편의성을 드높인다는 NFT. 그 정체가 과연 무엇일까요? 여기서 디지털 소유권 파일인 토큰을 주조하는 것을 민팅(minting)한다고 합니다. 오늘날 NFT는 대부분 이더리움 블록체인에서 민팅이 되는데, 미술 작품, 음반 같은 디지털 자산뿐 아니라 실물 자산, 개념 자산(투표권)까지도 사진(고유 식별자)과 메타데이터(속성)를 올려 민팅이 가능하다고 합니다. 이 책은 NFT의 개념과 작동 방식, 그리고 미래 사회에 가져올 변화에 대해 상세히 설명하고 있습니다.

10장. 『NFT 레볼루션』 (성소라 저)

디지털 소유권과 블록체인 기술

저작권과 소유권의 구분

단, 창작물의 저작권과 소유권은 구분이 됨에 유의할 필요가 있습니다. NFT 판매로 해당 상품의 소유권은 구매자로 이전되지만, 그 근본 자산의 저작권까지 이전되는 건 아니라는데, 이 양자 사이의 차이에 대해 좀 혼란스러운 면이 없지 않습니다. 원래 저작권 소유자는 저작물의 복제권, 이차적 저작물 생산 권리, 유통/배포권, 공개적 공연/전시권 등의 권한을 가집니다. 이 중 어떤 것도 NFT 소유권 구매자에게는 적용되지 않습니다. 하지만 이런 권리들도 각각 토큰화하여 별개 거래가 가능하다는 것입니다. 이는 NFT 시장의 복잡성과 법적 쟁점들을 이해하는 데 중요한 부분입니다.

NFT 시장의 성장과 창작자 권한 강화

작품의 저작자는 단일 NFT로 발행할 것인지, 에디션 수를 정해 하나 이상의 복사본으로 발행할 것인지를 정해야 합니다. 그런데 만일 자신의

NFT 작품이 2차 시장에서 재판매될 때에는 재판매 가격의 일정 부분이 저작자에게 로열티로 제공됩니다. 요즈음 왜 갑자기 NFT가 화두가 되고 있는 것일까요? 팬데믹에 따른 비대면 사회의 영향도 컸을 것으로 봅니다. 가상 공간에서 거래되는 디지털 상품에 대해 더욱 적극적으로 반응하기 때문입니다. 메타버스의 확대와 더불어 향후 폭발적 성장이 예상됩니다. 이런 기술로 인해 창작자의 권한은 더욱 강화됩니다. NFT 작품을 분할 판매할 수 있다는 것과 재판매로 인한 로열티가 자동 결제되는 것부터 혁명적입니다. 블록체인 기술의 탈중앙화로 창작자는 소비자들과 직접 거래가 가능합니다.

NFT의 문제점과 미래 전망

하지만 문제점도 많습니다. 오늘날 대다수의 NFT는 부분적으로 중앙화된 요소들을 가지고 있습니다. 고유 식별자는 블록체인에 불변 영속하지만, 연결된 메타데이터와 미디어 파일은 대부분 오프체인으로 저장되어 서버 운영사가 문 닫으면 그 내용물 자체는 사라져버립니다. 그 밖에도 디지털 파일을 저작자 허가 없이 민팅하는 부정행위, 블록체인으로 인해 많은 에너지가 필요하여 환경 오염을 가중시킨다는 것, 판매자와 소유자 사이에 콘텐츠의 권리 범위에 관한 법적 쟁점 발생 등이 예상됩니다. 아무튼, 메타버스 시대에 즈음하여 디지털 작품들 위주로 소유권의 토큰화와 블록체인을 통한 매매 등은 향후 대세가 될 가능성이 커 보입니다. 세상이 급속 변화하며 새로운 경제 생태계가 만들어지는데, 이 흐름을 제대로 읽고 따라가는 흉내조차 보통 일이 아닌 듯합니다. 이 책은 NFT 기술의 잠재력과 동시에 해결해야 할 과제들을 제시하며, 디지털 시대의 새로운 경제 패러다임에 대한 이해를 돕고 있습니다.

흥미로운 주제의 책입니다. 주로 한겨레 신문사에서 일했던 저널리스트 박현 기자가 미중 패권 전쟁에서 미중 간 기술 충돌 양상이 어떻게 전개되고 있는지에 대해 분야별로 또박또박 정리한 것입니다. 이젠 진부한 질문이긴 하지만 과연 어느 나라가 최종 승자가 될까요? 중국은 자원 동원력, 정부의 통제력과 추진력, 제조 역량, 풍부한 노동력 등이 강점이라면, 미국은 이민자 유입, 젊은 인구 구조, 기축 통화, 강력한 동맹, 소프트파워가 강점입니다. 경제 추격론의 권위자 서울대 이 근 석좌 교수는 가장 현실성 높은 시나리오로 중국이 미국과 비슷한 경제 규모를 갖더라도 미국을 따돌리지는 못할 가능성을 제시했습니다. 하지만 저자는 패권 경쟁은 반세기 이상 지속 가능성이 있다고 봅니다.

11장. 『기술의 충돌』 (박현 저)

미중 패권 경쟁과 기술 주도권

핵심 기술 분야의 경쟁 우위

이를테면, 5G 분야에서는 중국이 이미 미국을 초월했으며, 인공지능은 거의 대등한 수준에 육박했습니다. 양자 기술은 전반적으로 미국이 앞서지만, 이를 이용한 양자 통신 분야는 중국이 우위라고 합니다. 한편 바이오테크는 미국이 우위입니다. 이제 미국은 중국이 타고 오르는 사다리 걷어차기의 관건을 반도체로 보고 있습니다. 그 핵심 변수로 동맹, 시장, 생산 혁신 등 세 가지를 꼽습니다. 여기서 미국은 설계 부문만 주도하고, 생산은 대만, 한국, 일본 등의 동맹 관계를 강화하는 전략을 펼치고 있습니다. 이는 기술 패권 경쟁이 단순히 기술력 싸움이 아닌, 복합적인 국제 관계와 전략적 사고를 요구함을 보여줍니다.

중국의 히든카드: 희토류와 배터리

중국은 자국을 선진국으로 이끌 대표 기술로 인공지능을 꼽습니다. 연산 능력이 인공지능의 엔진이라면 데이터는 연료에 비유할 수 있습니다.

중국은 슈퍼컴퓨터 보유와 더불어 자국의 강점인 데이터 통제에 적극적입니다. 사실 중국의 히든카드는 21세기의 금광이라고 불리는 희토류입니다(60% 점유). 희토류는 네오디뮴을 포함한 17종 원소를 지칭하며, 독특한 화학적, 전기적, 광학적 특성을 가집니다. 그중 가장 주목받는 사용처는 전기차 모터에 들어가는 영구 자석입니다(세계 87% 점유).

 이제 전기 자동차의 배터리 관련 산업을 반도체 다음의 대한민국 먹거리로 보는 경우가 많습니다. 그런데 사실 니켈 70% 보유국인 중국의 CATL의 세계 배터리 시장 점유율은 세계 1위입니다. 한편 파나소닉과의 제휴를 통한 미국 테슬라의 고성능 배터리 개발 움직임도 만만찮아 보입니다.

디지털 위안화와 미중 패권 경쟁의 미래

 기축 통화 달러에 대응하는 중국의 전략은 '디지털 위안화'입니다. 한국을 포함한 대부분 나라는 중앙은행 디지털 화폐(CBDC) 발행에 관한 검토 단계입니다. 하지만 중국의 인민은행은 이미 전자 지갑 앱을 내놓고 적극적인 실험 단계에 접어들었습니다. 흔히 이야기하듯 미중 패권 경쟁은 앞으로 10년이 분수령이 될 것입니다. 따라서 2020년대는 두 나라가 위태롭게 사는 시기가 될 것입니다. 미-중 간 첨단 기술 분야의 교역이 중단되는 '기술 디커플링'이 현실화가 된다면 우리는 어떻게 해야 할까요? 저자는 한국은 전략적 균형 유지가 생존의 필수 불가결한 요소라고 봅니다. 우리는 선진국으로서 민주주의, 환경, 공정한 경쟁이라는 보편적 가치에 대해 분명한 지지를 표명하면서 자유주의와 다자주의 원칙을 지켜나가자고 제안합니다. 이 책은 기술 패권 경쟁이 세계 질서에 미치는 영향을 분석하며, 한국이 나아가야 할 외교 전략의 모범 답안을 제시하는 듯합니다.

저는 30대 무렵, 소프트웨어 개발자와 IT 벤처의 경영인 역할을 하면서 이 무형의 개발품들이 기업의 상대적 경쟁력을 높이는 작용은 하겠지만, 과연 인류에게 어떤 큰 실체적 유익함을 줄 수 있을까에 대해 가끔 반추를 해보기도 했습니다. 이는 기업의 차원 높은 홍보, 마케팅 활동으로 해당 기업의 상품 고객 점유율을 높이는 작용은 하겠지만, 그 활동이 이 사회에서 제품 자체의 유용성이나 생산성을 끌어올리는 행위라고 볼 수 있을까에 대한 회의감 같은 것이었습니다.

이 책은 디지털 플랫폼 산업이 유발하는 사회적 문제점들을 맹렬히 비판한 서울 과기대 이광석 교수의 책으로, 과거 저의 이런 생각들을 다시 불러일으키곤 했습니다. 한 예로 배달 앱 같은 플랫폼은 편리성 이면에 디지털 독성의 그림자를 드리우고 있다고 말합니다. 우선 이용자의 일상 활동은 수시로 감지되며 데이터로 치환되어 미래의 구매 예측 지표로 쓰입니다. 또 AI 알고리즘은 비인간적 노동 통제에 활용되기도 합니다. 또한, 별점이나 댓글이라는 피드백은 관련된 단기 노동자의 인사 고과처럼 기능하면서 많은 근로자를 위태로운 프리랜서 노동자의 지위로 내몰기도 합니다. 빅테크의 첨단 신기술 장치들은 엄청난 IT 폐기물 쓰레기 규모는 물론 희귀 금속 채굴과 관련된 환경 파괴로 인해 사실상 자연 생태계에 심각한 독성을 일으킵니다. 이 책에서는 특히 빅테크와 플랫폼 산업으로 인한 노동 시장의 재앙에 대해 심각한 경고를 하고 있습니다. 지능 로봇이나 무인 자동화를 통해 돌연 일자리가 사라지는 '기술 실업'이 실제로 심각해지고 있다는 것입니다.

12장. 『디지털 폭식 사회』 (이광석 저)

디지털 플랫폼의 문제점과 대안

'유령 노동자'와 인공지능의 위험성

플랫폼 장치들을 주형 공장과 비교한 것은 재미있습니다. 쇳물과 빅데이터, 용광로와 데이터센터, 거푸집과 알고리즘, 공정 자동화와 인공지능 등끼리는 각각 상통한다는 것입니다. 저자는 인간의 노동은 플랫폼 기술의 예속형으로 변모한다고 말하면서, 숙련의 단순 반복 노동이 폭넓게 투입되며 이를 '유령 노동자'라고 부릅니다. 점차 잉여인간화되는 구직자들은 분 단위로 쪼개진 단기 일자리만 얻게 된다는 것입니다. 즉, 플랫폼은 직접 고용 없이도 우리 주변의 살아있는 인간의 노동력을 끌어모으는 구심력으로 작동하며, 신기술은 '노동의 종말'이 아닌 질 나쁜 노동의 무한 증식을 가져온다는 이야기입니다.

인공지능의 문제점도 신랄하게 지적합니다. 기대처럼 인공지능을 공학자 윤리로 취급하기에는 이 큰 기술의 구조적 성격이 너무 강하여 자본주의 권력과의 긴밀한 연결망이 실로 우려된다는 것입니다.

미래 기술의 방향: 생태 기술과 공생 기술

결론적으로 저자는 미래 기술의 희망과 방향을 '생태 기술'과 '공생 기술'에서 찾아야 한다는 점을 강조합니다. 화석 자본 기술의 독성을 제거하고 기술의 공진화를 이루어야 한다는 것입니다. 이 책은 자본주의 및 빅테크의 속도에 대한 문제의식을 불러일으키며, 전체적으로 기술주의의 어두운 측면들을 두루 조명합니다. 독자들에게는 '불편한 진실' 인지와 더불어 이에 관한 사유를 펼쳐나가는 데 도움이 될 만합니다.

반복되는 인공지능 이야기가 이젠 좀 식상할 수도 있겠지만, 그래도 혹 시대를 앞서가는 거인들로부터 새로운 통찰의 마중물 같은 것을 조금이라도 얻을 수 있을까 싶어서 고른 책입니다. 이 책에서는 우선 디지털 네트워크 플랫폼의 사회적, 경제적, 정치적 파워와 더불어, 안보 차원에서 핵 문제보다 더 통제가 어려운 사이버 및 AI 전력에 대한 우려를 이야기합니다. 즉, 무엇보다 AI 강국들의 상호 규제안 및 검증 시스템의 필요성을 강조합니다. AI는 방대한 정보를 분석하여 방어 체계를 무너뜨릴 방법을 스스로 학습 가능합니다. 그런데 여기에서 그 방어는 어렵고 늘 공격자를 우위에 서게 합니다. 또 생성형 AI를 통해 허위 정보를 유포하는 심리전은 새로운 차원의 공격입니다. 지금까지 군민 양용성, 확산성, 강력한 잠재적 파괴력을 모두 갖춘 기술은 인류 역사상 없었습니다. 하지만 AI는 이 패러다임을 깨뜨립니다. 훈련을 마친 AI는 쉽게 복제되고 작은 기계에서도 구동이 되므로 핵무기와는 달리 확산이 쉽고 추적은 어렵습니다.

13장. 『AI 이후의 세계』 (헨리 키신저 외 저)

인공지능의 사회적, 철학적 파장

인간에 대한 철학적 문제 제기

인류의 역사는 기술의 변천사이기도 합니다. 하지만, 기술이 사회적 구조나 인간의 정체성을 이처럼 근본적으로 뒤흔든 사례는 없었습니다. AI의 등장으로 인해 우리는 인간에 대한 심대한 철학적 문제들과 마주하게 됩니다. 근대 이후 우리는 데카르트의 코기토 명제에 따라, 사유하는 정신이야말로 인간의 가장 중요한 능력이라고 믿었습니다. 그리고 이 프라이드와 더불어 인간은 역사의 중심에 설 자격이 있다고 믿어왔습니다. 이제 AI가 자발적 생각을 할 수 있다면 어떨까요? 그것도 인간보다 더 나은 판단과 지식과 지혜들을 스스로 만들어낸다면, 이제 우리는 과연 누구이며 무슨 의미를 지니는 존재인가 하는 보다 근원적 문제에 봉착할 수밖에 없습니다.

AI와 지식의 획득 방식

칸트는 이성을 통해 이성의 한계를 알아야 한다며, 물자체에는 우리의 개념적 사고나 직접적 경험이 미치지 못하는 영역이 있다고 보았습니다. 즉, 세상에는 초월적이고 순수한 사유에 의해서만 이해되는 본질적 영역이 있다는 것입니다. 하지만 AI가 등장하면서 현실을 이해하는 또 다른 수단이 탄생했습니다. 오늘날 딥러닝은 단일한 본질에 관한 이성적 식별이 아니라 현상들의 유사성, 즉 철학자 비트겐슈타인의 '가족 유사성' 같은 인식을 통해서 지식을 획득합니다. 그런데 그 도출 결과는 보여주지만, 그 과정에서 무엇을 어떻게 학습했는지 인간의 언어로 설명을 해주지는 않습니다. 그 개발자도 AI 자신도 그 결과가 나온 이유를 정확히 알 수 없기 때문입니다. 그동안 과학은 인간의 이성과 통찰력으로 쌓아 올린 금자탑이었습니다. 그러나 AI가 등장하면서 인간과는 다른 세계 해석이 개입하기 시작한 것인데, AI는 실험 결과를 토대로 세상의 지식 모델을 만듭니다.

AI의 사회적 영향과 새로운 철학의 필요성

AI가 삶의 양식, 교육 등에 미치는 영향은 지대할 것입니다. 디지털 네이티브와 이전 세대와의 간격이 존재하듯, 향후 'AI 네이티브'와 이전 세대의 간격도 크게 벌어질 것으로 봅니다. 미래 세대는 AI 도우미와 함께 자라서 인간보다 디지털 도우미를 더 좋아하게 될지도 모릅니다. 타인은 자기와 취향이 다르고 의견 차이가 크기 때문입니다. 그렇다면 우리네 인간관계의 미래는 어떻게 될까요? 계몽주의 시대에는 인쇄술이라는 신기술이 등장하면서 새로운 철학적 사유가 발생하였고, 그 결과물은 책을 통해 널리 보급되었습니다. 이 책에서는 AI라는 신기술이 이 시대에 등장했는데, 과연 그 길잡이가 될 만한 새로운 철학이 성립되고 있는지를 묻고 있습니다. 이 책은 인공지능 시대가 가져올 사회적, 철학적 파장에 대한 심오한 질문을 던지며, 인간 존재의 의미와 미래 사회의 방향에 대한 깊은 사유를 촉구합니다.

제4부. 돈과 부의 본질

자본주의는 정치적 독재나 권위주의에 반기를 들며 자유민주주의와 더불어 성장해 왔습니다. 여기에서는 인간들을 도덕적이고 합리적이라는 전제를 버리는 관점에서 바라보아야 합니다. 경제나 투자 예측에서는 사람들이 이기적이고 감성적인 집단이라고 전제하는 편이 낫다는 것입니다. 경제적 활동은 선의의 사회적 봉사나 기부 마인드와는 구분해야 합니다. 이 책은 자본주의의 본질과 그 작동 원리를 인문학적 관점에서 심도 있게 탐구하며, 부와 사회 현상에 대한 새로운 시각을 제시합니다.

1장. 『부의 인문학』 (브라운스톤 저)

자본주의, 혁신, 불평등, 그리고 도시의 힘

하이에크의 사상과 시장 경제의 원리

 화폐와 경제 변동 연구로 노벨 경제학상을 수상했던 하이에크 (1899~1992)의 사상은 80-90년대에 전 세계를 풍미했습니다. 그의 책 『노예의 길』은 영국의 대처 수상과 미국의 레이건 대통령, 그리고 중국의 덩샤오핑에게 큰 영향을 주었다고 합니다. 그의 어록 중에는 "지옥으로 가는 길은 선의로 포장되어 있다."라는 말이 유명합니다.

 미국으로 간 청교도들은 처음 공동 생산, 공동 분배 방식으로 농사를 지었습니다. 그리고 병약자들에 대해서는 노동에서 제외해 주기도 했습니다. 그런데 몇 년째 흉년이 들어 굶어 죽는 사람들이 생기기 시작했습니다. 그러자 그 지도자는 각자에게 땅을 할당하면서 '각자도생'을 선언했습니다. 그랬더니 그 해부터 풍년이 들기 시작했으며, 이때부터 추수감사절이 생겨났다고 합니다.

 하이에크는 시장 경제란 기본적으로 수요 공급의 원리가 냉철히 작동하는 곳이며, 시장에서 도덕적 기준으로 보상을 받기를 기대해서는 안 된다고 말합니다. 보상은 반드시 노력에 비례하는 것도 아니며 때로는 운이 작용하기도 합니다. 오스트리아에서 사회민주당이 선의의 정책으로 수도

빈에서 임대료 통제 정책을 펼쳤다가 경제적 타격을 입은 사례는 생각해볼 만한 점이 있습니다. 오스트리아에서 임대료를 제한하니까 집주인들은 낮은 임대수입에 더는 집에 투자하지 않게 되었습니다. 새로운 집도 지어지지 않으니 집 부족 현상으로 집 구하기는 점점 어려워졌고, 결국 임대할 집을 구하려면 신문의 부고란을 봐야 할 지경이었습니다. 이러다 보니 세입자는 한번 들어가면 나갈 생각을 하지 않으며 직장이 멀면 일자리도 거절했습니다. 원거리 출퇴근 현상으로 사회 전체의 교통비 낭비도 커졌습니다. 선의의 정책이 결과적으로 큰 사회적 부작용을 불러일으킨 한 사례입니다.

실업률을 떨어뜨리기 위해 정부 지출을 크게 늘리고 부자와 대기업에 세금 폭탄을 날리는 것은 어떨까요? 인플레이션이 악순환되며 부자들은 나라를 떠납니다. 또 경제 민주화로 정책 결정을 다수의결 방식으로 하면 어떻게 될까요? 노조들은 자기 자식들이 우선적으로 취업 가능한 희한한 특권 조항을 만들기도 합니다. 하이에크가 지옥으로 가는 길은 선의로 포장되어 있다고 한 것은 이러한 의미입니다.

슘페터와 피케티: 자본주의의 몰락과 불평등

한편, 창조적 혁신으로 오늘날 지식인들 사이에 주목받는 천재적 경제학자 슘페터(1883-1950)의 예도 듭니다. 슘페터는 오스트리아 재무장관을 지낸 적도 있었으나, 결국 미국 망명 후 하버드대 경제학 교수가 되었습니다. 그는 혁신의 주도자는 사업가가 아닌 기업가이며, 천재 1명이 1

만 명을 먹여 살리는 시대에서 이들이 성공했을 때 큰 보상과 함께 인정을 받을 수 있는 분위기를 조성해야 한다고 주장했습니다.

그런데 슘페터는 놀랍게도 마르크스처럼 자본주의의 궁극적 몰락을 예고했습니다. 왜냐하면, 소수의 성공자는 다수의 대중에게 물질적 궁핍이 아닌 상대적인 박탈감을 안겨주며 그들의 질투와 분개심을 불러일으키기 때문이라는 것입니다. 좌파 지식인들은 그 해법으로서 분배와 자본주의 시스템의 전복을 외치게 될 것인데, 이때 정치적으로는 소수인 기업가들은 투쟁을 포기하고 움츠러들 것으로 보았습니다.

토마 피케티(1971~)는 부의 불평등 문제 연구로 유명한 프랑스 경제학자로, 21세기 자본이라는 책에서 20개국의 200년간을 분석하여 경제가 발전할수록 불평등이 확대되고 있음을 통계적으로 확인시켜주었습니다. 그는 금융 자산의 자본이익률이 경제 성장률을 앞지르는 현상을 지적하며, 그 불평등의 해법으로 전 세계적으로 누진적 고 소득세와 자본 소득세를 매기자고 주장했습니다. 단, 유의해야 할 점은 이런 정책은 특정 국가가 아니라 동시에 전 세계적이어야 합니다. 그렇지 않으면 부의 해외 유출이 극심해집니다.

브라질의 사례와 부동산 투자 원리

브라질의 경우를 봅시다. 2000년 무렵 다수의 공기업을 민영화하며 이로 인해 많은 투자와 함께 경제가 크게 성장했습니다. 그러나 2002년 룰라 대통령이 집권한 후 대통합을 외치며 부의 재분배를 중시하는 정책을 펼쳤습니다. 정부 지출을 늘리고 최저 임금과 공무원 수와 봉급, 연금을 올렸습니다. 그 결과 어떻게 되었을까요? 자본의 해외 탈출과 함께 2015년 브라질 경제는 25년 만에 최악이 되었습니다.

이제 브라운스톤이라는 필명의 『부의 인문학』 저자가 말했던 투자의 원리에 관한 내용을 이야기해보겠습니다. 미래에 대한 통찰이 느껴지는 그의 부동산 투자에 관한 메시지를 한마디로 요약하자면 '강남불패' 같은 것입니다. 이를테면, 서울과 판교 같은 곳은 향후 성장이 확실하지만, 지방 도시는 침체기를 겪을 수밖에 없다는 것이 그 결론입니다.

혁신 산업의 '뭉침의 힘'과 도시의 중요성

토머스 프리드먼은 『세계는 평평하다』라고 책 제목으로 말했지만, 엔리코 모레티는 그의 직업의 지리학에서 세계화가 적용되는 분야와 그렇지 않은 분야가 있다고 말합니다. 전통 제조업은 세계화로 국제 분업화로 평평해지는 것이 맞지만, 혁신 산업은 그렇지 않다는 것입니다. 전자는 싼 곳으로 이동하지만, 후자는 인프라가 좋은 곳으로 이동합니다.

혁신 산업은 '뭉침의 힘'이 작용하는 곳에서 발전이 일어납니다. 일단 풍부한 인재들이 모여 있어야 합니다. 첨단 전문 지식이 요구되므로 값싼 노동력이 많은 후진국에서는 구조적으로 성장이 어렵습니다. 인재들 간의 상호 자극과 지식 전파가 시너지를 만드는 데 매우 중요하기 때문입니다. 또 인재 외에도 혁신 기업을 지원하는 금융, 경영, IT 등의 인프라도 필요합니다.

그럼 인재들은 왜 실리콘밸리 같은 특정 지역에 모여드는 것일까요? 『부의 인문학』에서는 세 가지로 분석합니다. 첫째, 우연적입니다. 천재급 인재들이 벤처를 하는 장소를 보고 다른 인재들이 합류하면서 일어나는 경우입니다. 둘째, 좋은 대학과 연구소들이 있는 곳에서 인재와 아이디어도 풍부합니다. 셋째, 해당 지역은 인재들이 살고 싶도록 기후 좋고 아이 교육에 좋은 환경인 경우입니다.

정부가 국토 균형 발전을 위한 정책을 펴곤 하지만, 이 정책은 성공하지 못할 것으로 봅니다. 하버드 경제학 교수인 에드워드 글레이저는 낙후되고 경쟁력 없는 도시에 빌딩을 세우고 건설 붐을 일으키는 것을 찬성하지 않습니다. 그보다는 낙후된 도시 거주자에게 더 좋은 교육을 받게 하거나 일자리를 주선하여 다른 곳에서라도 잘 정착할 수 있도록 '사람'을 지원해야 한다고 말합니다.

『도시는 왜 불평등한가』의 저자 리처드 플로리다는 도시의 성공을 위해서는 기업을 유치하는 것이 아니라 인재를 끌어오는 것부터 유념해야 한다고 말했습니다. 혁신 기업은 늘 인재가 풍부한 도시로 옮겨갑니다. 따라서 도시가 번성하려면 과학자, 전문 지식인, 예술인 등이 살기 좋게 만들어야 한다고 말합니다. 일자리가 많고, 데이트할 사람이 많고, 좋은 레스토랑과 카페가 많은 곳, 이젠 이러한 슈퍼스타 도시 전성시대가 도태했다고 말합니다.

이 책을 읽어 나가면서 또 한 명의 대단한 내공인을 발견한 기쁨에 가슴이 벅차올랐습니다. 서점에서 이미 베스트셀러 대열에 오른 이 책은 돈에 관한 '철학서'라고 해도 과하지 않을 듯합니다. 책 한 권에 돈과 투자에 관해 이만한 깊이와 지혜를 담은 경우를 만나기 어렵다는 생각도 듭니다.

일단 저자는 돈을 인격체로 보아야 한다면서, 돈의 존중 대신 가치 있게 쓰지 않으며 함부로 대하는 사람에겐 돈이 다가서지 않는다고 말합니다. 내 돈이 존중받으려면 남의 돈도 존중해주어야 합니다. 그 밖에도 복리의 파워와 함께 돈이 돈을 끌어당긴다는 중력의 법칙도 이야기합니다. 또 본인은 돈이 생기면 내 사업을 키우는 데 쓰거나 나보다 훌륭한 경영자의 기업에 투자하며 주주로서 동업하듯 지켜본다고도 말합니다. 이 책은 돈에 대한 새로운 관점과 현명한 투자 원칙을 제시하며, 독자들이 부의 본질을 이해하는 데 깊이 있는 통찰을 제공합니다.

2장. 『돈의 속성』 (김승호 저)

돈에 대한 철학적 접근과 투자 원칙

지혜는 기초 학문으로부터 시작된다

저자는 투자란 지식과 지혜가 합쳐져야 성공한다고 강조합니다. 지혜가 없는 지식은 오만해지고, 지식이 없는 지혜는 허공만 안게 되기 때문입니다. 어떤 분야든 대가가 된 사람들은 모두 지혜와 지식수준이 남다릅니다. 그가 어떤 분야에 있든 그들의 생각을 들어보면 모두 어떤 경지에 이른 자신만의 깊은 철학이 있습니다. 흥미로운 것은 그 분야는 달라도 이들에게는 비슷한 철학적 관점이 형성된다는 것입니다. 큰 산이라도 오를 때는 사방에서 다가갈 수 있지만, 봉우리에 다다르면 거의 비슷한 곳에 모이는 원리입니다. 그래서 성공한 대가들은 대부분 비슷한 철학자가 되어있는 것입니다. 투자 대가들의 주주 서신이나 그들의 책을 읽어보아도 마치 한 권의 철학서를 보는 것과 같다고 말합니다.

공부의 중요성: 석가모니의 사례

젊은 청년이 세상의 고결한 진리나 사물의 이치를 배우고자 한다면 가장 먼저 해야 할 일은 공부라는 조언도 합니다. 나이 35세에 대각을 하고 부처가 되신 싯다르타도 보리수나무 밑에서 계속 묵상만 하신 게 아니라고 합니다. 처음엔 바라문 고행자를 선생으로 모시고 단식과 결가부좌 등 온갖 고행을 했고, 브라만교의 행자에게서 요가도 배웠다고 합니다. 또 석가의 아버지는 왕권 이양은 포기하고 다섯 명의 선생을 아들에게 보내 6년 동안이나 개인 교습을 시켰다고 하는데, 요즈음으로 치면 싯다르타는 대학교수 다섯 명에게 집중 과외를 받은 셈입니다.

지혜와 기초 학문의 역할

석가나 예수 등 신의 경지로 간 분들도 큰 공부를 했는데, 우리 범인들은 말할 것도 없습니다. 학문은 우리가 지혜를 얻는 데 필요한 그릇과 같습니다. 언어와 수학 같은 기초적 학문이 실천적 지혜를 얻는 데 무슨 도움이 되나 물을 수 있지만, 다른 언어를 배우는 것은 다른 문화를 통째로 내 안에 가져오는 셈이라고 합니다. 기초 학문을 배우는 것은 때로는 지루하고 괴로운 일이지만 무조건 외워야 하는 경우도 많습니다. 하지만 이런 식의 암기를 건너뛰고는 지혜에 이르기는 현실적으로 어렵다고 말합니다. 모든 지혜는 언어와 기호로 표현하고 설명되기 때문입니다. 그러므로 저자는 투자의 대가가 되기 위해서도 언어와 수학을 무엇보다 잘해야 한다고 주장합니다.

저자의 핵심 투자 철학

이 책에 나오는 저자의 투자 철학에 대해서는 전체 내용을 알뜰히 소개한다는 것은 무리가 있을 것 같습니다. 하지만, 그의 주요 철학 몇 가지를 아래와 같이 간략히 정리해보겠습니다.

빨리 돈을 버는 일을 멀리합니다 : 이는 투기이며 마약 같아서 결국 자신을 망치기 때문입니다.

누구에게 불행한 일이 생겨야 수익이 발생하는 사업어는 투자하지 않습니다 : 나쁜 사심이나 부정적 정서를 피하고 싶기 때문입니다.

투자 대기성 자본도 투자로 봅니다 : 돈을 두고 투자를 하지 않는 것은 가장 나쁜 투자입니다. 하지만 아무 계획도 없는 자산은 결국 죽습니다.

자유로운 시간을 사기 위해 돈을 법니다 : 시간으로 열심히 돈을 벌고 나면 결국 더 풍부한 시간을 살 수 있습니다.

다른 누구의 계산법을 쫓아가지 않습니다 : 내 계산 방식대로 정한 후 때를 기다립니다. '아님 말고' 정신입니다.

리스크가 클 때가 리스크가 가장 작을 때입니다 : 욕심이 리스크를 낳고, 낙관이 거품을 만들며, 거품은 폭락을 낳습니다. 하지만 또 봄은 오고 해가 뜹니다.

평생 팔 필요가 없는 상품을 찾습니다 : 주식이든 부동산이든 말입니다.

업계 1등 아니면 1등을 넘보는 2등까지만 주목합니다 : 하지만 3등은 관심을 버립니다.

이 책은 돈에 대한 통념을 깨고, 부를 축적하는 데 필요한 철학적 통찰과 실질적인 지혜를 제공하며, 독자들이 자신의 삶과 재정을 현명하게 관리할 수 있도록 돕습니다.

'화폐 전쟁'의 저자 제임스 리카즈의 대공황 경고서입니다. 우선 저자는 과거 대공황 때 약 90%의 주가 폭락은 4년에 걸쳐 단계적으로 일어났지만, 이번 팬데믹에서는 불과 4개월 만에 미국 일자리의 6천만 개가 급격히 감소했다는 점을 상기시킵니다. 더 엄청난 파도라는 것입니다. 하지만 지금의 주식 시장은 어떠할까요? 저자는 여기서 인식과 현실 사이의 큰 격차를 의미하는 '인지 부조화'를 이야기합니다. 주식 매수자들은 시장에서 사람들은 현재가 아니라 미래를 본다며 긍정적인 전망이 강세장을 정당화하는 것처럼 말합니다. 하지만 저자는 현실은 이와 완전히 다르다고 말합니다.

3장. 『신 대공황』 (제임스 리카즈 저)

경제 예측 모델과 투자 전략

냉철한 예측 모델 기술

저자는 냉철한 예측 모델 기술로 다음 네 분야의 학군을 꼽습니다.

복잡성 이론 : 큰 시장의 변동은 정규 분포 모델 예측보다 더 자주 발생하며, 이는 시스템 내재 요소의 분석만으로 추론이 되지 않는다는 점을 알려줍니다.

통계학의 베이즈 정리 : 이는 복잡성 이론의 불확실성을 극복하는 데 도움을 주며, 현실 정보가 부족할 때 믿음 기반으로 확률 추론을 하되 새로운 정보가 생기면 다시 그 답을 수정하는 추론 방식입니다.

역사 : 역사는 수량화가 어려워 경제학자나 월스트리트 분석가들은 이를 경시하는 경향이 있다고 합니다. 하지만 역사보다 더 나은 스승은 없으며, 각 사건은 동일하게 반복되지 않더라도 그 패턴은 반복이 됩니다.

행동 심리학 : 우리에게는 확증 편향, 기준점 편향, 최신 편향 등의 인지 편향이 행동 심리학적으로 시장의 경고 신호들을 무시하게 하며 시장 거품을 만들어낸다는 것입니다. 하지만 월스트리트에서는 시장 붕괴는 백

년에 한 번쯤 발생하는 폭풍으로 간주한다고 지적합니다.

예측 모델에 의한 분석 결과

저자의 이러한 예측 모델에 의한 분석 결과는 다음과 같습니다.

디플레이션이 우세하게 발생할 것이다.
주가 바닥이 올 것이다.
금리가 더 하락할 것이다.
채권 랠리(강세화)가 계속될 것이다.
금 가격은 큰 폭 상승할 것이다.
코로나 회복은 더디게 진행될 것이다.
실업률은 10% 수준에 머물 것이다.
상업용 부동산은 더 하락할 것이다.
달러화는 단기적 강세 이후 2022년 약세를 보일 것이다.
석유 가격은 호조를 보일 것이다.

그리고 이에 대해 다음과 같은 부연 설명을 합니다. 즉, 2022년까지 제로 금리를 유지할 것이지만, V자형 경기 회복이 일어날 것으로 보지 않습니다. 하지만 설계된 로봇 거래의 영향으로 양적 완화 정책에 반응한 주식 매입 현상으로 인해 주식 시장에서의 랠리가 나타나고 있는 것으로 보았습니다.

금 가격과 부동산 시장 전망

금 가격은 세 가지 주요 요인에 의해 결정됩니다. 첫째는 공포 요인으로 안전 자산에 대한 선호도가 높아진다는 것, 둘째는 실질 금리 수준으로 금리가 오른다면 현금이 매력적이고 이때는 금의 달러 가격은 역풍을 맞습니다. 셋째는 금의 일반적 수요/공급 원리입니다.

부동산은 어떨까요? 부동산 가치는 과학이라기보다는 예술에 가깝다는 저자는 상업용 부동산은 전반적으로 더 하락할 여지가 있다고 말합니다. 팬데믹 봉쇄에 따른 주요 소매업체와 금융 기관의 철수, 임차인의 계약 재협상 요구, 디플레이션 등이 그 원인입니다. 따라서 아직 투자는 보류해야 한다고 조언합니다.

최적의 자산 포트폴리오

저자는 이 시점에서 현금의 중요성을 강조합니다. 현금은 모든 종류의 투자 자산 중 가장 저평가되고 있는데, 이는 다양한 투자의 선택권이 부여되는 자유로운 밑천으로 향후 2-3년간 가장 좋은 투자 성과를 낼 수 있는 가치자산으로 본 것입니다. 결론적으로 투자 가능 자산에 대한 최적의 자산 포트폴리오를 다음과 같이 제시했습니다.

현금: 30%

금: 10%

주거용 부동산: 20%

재무부 채권: 20%

주식: 10%

대체 투자: 10%

주식 투자의 경우에는 천연자원, 광산, 원자재, 에너지, 물, 농업, 방위 산업 관련 주에 집중하는 것을 권유합니다. 약세장에서도 좋은 성과를 낼 만한 경기 조정형 종목들이기 때문입니다. 이 책은 글로벌 경제 위기 속에서 현명한 투자 전략을 모색하는 데 실질적인 도움을 제공합니다.

세계가 디플레이션(deflation) 시대로 나아가고 있으며, 결국 세계 대공황(Great Depression) 상황이 올 수 있다는 경고는 20여 년 전부터 있었기 때문에 그다지 놀랄 만한 새로운 주장은 아닙니다. 오히려 코로나 사태로 인해 통화를 풀며 엄청난 양적 완화 정책을 펼쳐온 이 시대에는 인플레이션을 더 걱정해야 하는 것 아닌가 하는 생각이 들기도 합니다. 하지만 이 책은 국내 탑클래스 애널리스트로 꼽히는 홍춘욱 박사의 책으로, 여기서는 저자는 세계가 아무래도 디플레이션 압력이 인플레이션 압력보다 훨씬 강하며, 코로나 사태는 이런 흐름을 더욱 강화할 것이라는 주장을 펼칩니다. 사실 요즈음 디플레이션 예상보다 인플레이션이나 스태그플레이션 압력을 더 크게 보는 경제 전문가가 많아 보이긴 합니다. 하지만 미래는 늘 불확실한 것이며 우리는 모든 가능성에 대해 다 열려 있어야 할 것입니다. 이제 이 책을 통해, 디플레이션이란 과연 어떠한 것이며 이에 대비해서는 어떤 투자 전략이 필요한지 생각해보는 기회가 되었으면 합니다.

4장. 『디플레 전쟁』 (홍춘욱 저)

디플레이션 시대의 경제 및 투자 전략

디플레이션의 특징과 원인

  일본의 물가가 과거와는 달리 요즈음은 꽤 싸다고들 이야기하는데, 쉽게 이야기해서 디플레이션이란 이런 현상을 일컫는 것입니다. 생필품이 싼 것은 좋은 일이기는 하나 여기에는 통상 다음과 같은 문제점들을 내포합니다. 디플레는 장기 불황 현상입니다. 판매 부진과 경영난, 대규모 해고가 일어나며 소비와 투자가 연쇄적으로 얼어붙습니다. 미국은 그동안 달러를 그렇게 찍어내도 물가는 왜 오르지 않는 것일까요? 단위 노동 비용의 하락 탓으로 봅니다. 스톡옵션이나 연봉이 폭발적으로 상승한 그룹은 최고경영자와 일류 엔지니어일 뿐, 대다수 비 첨단 근로자의 임금은 정체됩니다. 또 세계화도 큰 영향을 주었는데, 최저의 비용으로 생산성을 극대화할 수 있기 때문입니다. 또 고령화와 노인들의 경제 참여도 근로 임금을 낮추는 요인으로 작용합니다. 결국, 통화 공급을 늘려도 실물 소비 경제에는 돈이 잘 풀리지 않는다는 것입니다. 이는 신용 경색 탓으로, 은행은 기업이나 개인에게 돈을 빌려주는 대신 중앙은행에 다시 맡겨두려 하기 때문입니다. 이런 상황에선 은행들의 수익성이 악화되고, 자기자본비율이 떨어지며, 파산의 우려까지 대두될 수 있습니다. 더구나 코로나 사태는 실물 경제를 망가뜨리며 금융 기관의 건전성을 더욱 위협할 것입니다.

개인 및 기업 투자 전략

 개인별 투자 전략에 대해서도 언급합니다. 한국 부동산 투자에 대해 장기적으로 그다지 어둡게 보고 있지는 않으며, 주식에 비한다면 리스크 측면에서 좀 더 안정적으로 봅니다. 하지만 금융 위기에서 유동성이 떨어지는 단점은 분명합니다. 또 15억 이상 아파트에는 대출이 억제되어 저금리 혜택이 돌아가지 않으며, 코로나 사태는 수도권 고가 부동산에 부정적 영향을 미친다는 점도 지적합니다. 기업 투자 전략에 대해서는 다음 유형 기업들을 고려해야 한다고 말합니다. 코카콜라나 애플 같은 강력한 브랜드 기업, MS나 아도비 같은 교체가 어려운 경쟁 우위 기업, 화이자(글로벌 바이오) 같은 핵심 기술 카피가 어려운 기업, 그리고 아마존, 코스트코처럼 저비용 경쟁력을 가지는 기업 등입니다. 한국에서는 삼성전자나 현대자동차 같은 케이스도 이런 저비용 강점을 가집니다.

포트폴리오 전략과 자산 구성비

 그러면서 저자는 몇 종류의 투자 포트폴리오 전략들을 제시합니다. 자신의 연령대가 2030에 속한다면 노르웨이 석유 기금처럼 주식 60%, 나머지는 채권 투자를 권유합니다. 1998년 이후 연평균 6.8%의 성과를 거두어 왔습니다. 수익성과 안전성을 모두 잡고 싶다면 한국 국민연금처럼 하면 된다고 말합니다. 전체 자산의 절반은 국내외 채권에 투자하며, 또 전체 자산의 1/3은 해외 자산에 투자하는 방식입니다. 이 방식으로 투자한 국민연금의 2019년 수익률은 11%였습니다. 주요 션진국 가계의 자산 비율은 어떠할까요? 비금융자산과 금융자산과의 구성비는 한국은 3:1입니다. 부동산에 그만큼 쏠려 있다는 것입니다. 미국은 3:7이며, 금융자산 중 주식/펀드 투자 비중은 40% 이상이라고 합니다. 그 밖에 일본은 2:3이며, 영국은 1:1, 그리고 호주는 3:2라고 합니다. 그런데 미국 경우에도 주식 투자는 상위 계층이 선호하며, 중산층 하위 그룹은 부동산 비중이 월등히 높습니다. 이 책은 디플레이션 시대에 대비하여 안정적인 자산 관리를 위한 실질적인 투자 전략을 제시하며, 독자들이 경제 위기에 현명하게 대처할 수 있도록 돕습니다.

국내 주식 투자는 단기 투자에 열중하면 도박처럼 리스크가 크므로, 경험 많은 분들은 대부분 만류하는 분위기입니다. 게다가 잘 나가다가도 어느 날 갑자기 블랙먼데이 같은 사태가 닥친다면 큰 낭패를 볼 수 있습니다. 저자는 코로나 사태가 2차 감염 주기로 넘어가고 기업 실적들이 실제 나오기 시작하면, 어느 시점부터 공황 모드로 급변할 가능성이 농후하다고 봅니다. 이 책은 경제 공황의 징후를 감지하고 자산을 효과적으로 방어하며 증식시키는 전략을 심도 있게 다루고 있습니다.

5장. 『내일의 부 - 오메가편』 (김장섭 저)

공황 감지와 자산 순환 전략

공황 시기 자산별 위험성

공황의 시기가 오면 우선 부동산은 매우 큰 리스크입니다. 집 주인 경우는 월세가 밀려 문제이고, 세입자 경우는 주인과 연락이 안 될 가능성도 있습니다. 공황 때 집 값이 떨어지는 것은 사업자들의 어음이 연쇄 부도가 나거나, 흑자도산 가능성이 큰 기업들은 일단 부동산부터 팔기 때문입니다. 그런데 급매라 하더라도 팔리지 않으므로 대처가 잘되지 않습니다. 그다음 국내 주식은 어떨까요? 연속하한가 행진 속에 삼성전자 같은 초우량주 외에는 거의 팔리지 않습니다. 파산하는 기업도 늘어나 나중에는 모든 투자금을 잃을 수도 있습니다.

해외 주식의 강점과 공황 감지법

반면 해외 주식은 달러 자산이며, 이는 공황에 대해서도 헤지가 가능해지며 오히려 벌 기회가 된다는 것이 이 책의 핵심 메시지입니다. 자, 그럼 이 책 저자의 분석 및 천기누설 수준급 몇 가지를 간략히 소개합니다.

우선 공황이 온다는 것은 어떻게 감지할까요? 나스닥 일간 지수 -3%가 한 번이라도 뜨면 그럴 확률이 높은 것이므로, 다음 날 모든 보유 주식을 팝니다. 국내 주식과는 달리 미국 초우량 주식이라면 누군가가 받아줄 것입니다. 그리고 그 돈으로는 미국 국채 ETF(TLT)를 매입하고 한 달을 지켜봅니다. 그다음 -3%가 한 달 사이 네 번 뜨면 공황이 분명한 것으로 받아들여야 합니다. 그럼 국채까지 모두 다 팔아 현금화를 해둡니다. 그리고 이날부터 두 달을 기다립니다. 만일 -3%가 두 달간 안 뜨면 이제 공황은 끝으로 간주하여 다시 미국 초우량 주식을 매입합니다. 이 책을 소개하는 제 생각으로는 이 공식이 주식으로 돈을 버는 최선의 투자 전략이라고 말하긴 어렵겠지만, 미지의 큰 공황 상황에 대비하는 위기관리 전략으로서는 꽤 괜찮아 보입니다.

장기적 자산 순환 전략 및 투자 철학

 이런 식으로 나스닥 지수를 보면서 장기적으로 주식-채권-현금의 순환을 계속 선택해 나간다면 귀중한 자산을 성공적으로 지킬 수 있다는 것입니다. 저자의 내공을 믿고 이런 매뉴얼을 그대로 따르는 것이 좋을지의 여부의 판단은 독자의 몫일 것입니다. 하지만 저자는 돈의 흐름만을 쫓는 이런 공식대로 단순하게 투자하는 것이 중요하다고 말합니다. 만일 인내심을 잃거나 개인적 생각이 개입되면 그 순간 예측이나 판단의 오류가 작용할 위험성이 크기 때문입니다. 어닝 서프라이즈 주식에 대한 단기(분기) 투자 매뉴얼도 제공되지만, 바쁜 일반인이 이까지 챙기는 것은 무리가 있어 보입니다.

미중 패권 전쟁과 투자 전략

한편 미국의 세계 패권 전쟁사를 살펴본 후 여기에서도 투자 전략을 얻을 수 있음을 보여줍니다. 이는 피해가 엄청난 실제 전쟁 대신 주로 경제 전쟁 방식을 통해 이루어졌습니다. 경제 전쟁은 무역 전략과 금융 전략 등 두 가지 방식이 있는데, 미국은 산유국 소련을 주로 유가 전략으로 (전자 방식), 기술력의 일본은 바젤협약과 파생금융상품으로 (후자 방식) 도전자의 기세를 꺾어버린 셈입니다. 이번엔 중국 차례입니다. 여기에도 무역 전쟁, 금융 전쟁, 실제 전쟁 세 가지 시나리오가 있을 것입니다. 우선 중국은 ZTE, 화웨이 제재 등 무역 전쟁 방식으로 미국에게 일방적으로 두들겨 맞는 중이며, 이어 금융 개방을 강요당하고 있습니다. 만일 이를 받아들인다면, 중국 내로 자금이 다시 크게 유입되어 얼마 동안 부동산과 주식은 상당한 버블이 형성될 것입니다. 자 그럼 이 상황에서의 투자 전략은? 현재는 기준 금리를 내리며 경기 부양 신호를 보내는 미국으로 들어가는 것이 낫다고 판단합니다. 그러다가 중국이 미국에 떠밀려 위안화 절상과 함께 금융 시장을 개방한다면? 이때 투자금의 일부를 빼서 중국으로 들어갑니다. 이 시기 미국은 1-2년 정도 증시 침체 후 다시 회복 기미를 나타낼 것으로 예측이 됩니다. 그럼 중국 투자분은 정리하고 다시 미국 투자에 올인하면 됩니다. 이 책은 급변하는 경제 상황 속에서 투자자들이 냉철한 판단을 내리고 자산을 이성적으로 관리할 수 있도록 구체적인 전략을 제공합니다.

이지성 작가는 '에이트', '에이트 씽크'라는 책의 저자이며, 앞으로 다가올 인공지능 시대에 대해 늘 경종을 울립니다. 그는 앞선 '에이트 씽크'라는 책에서 21세기 4차 산업 혁명의 핵심 키워드로 인공지능을 꼽으면서, 딥러닝 알고리즘 설계에는 인간이 오랜 역사를 통해 쌓아 올린 수학 이론이, 그리고 그 배경에는 철학이 핵심적인 역할을 했다는 통찰을 보여주었습니다. 주지하듯이 월스트리트의 퀀트들은 자신의 수학적 역량을 금융 인공지능에 쏟아붓고 있습니다. 그런데 월스트리트 전설로 불리는 투자자들과 퀀트들의 공통점은 인문학에 조예가 깊으며, 수학, 물리학, 금융 공학, 그리고 인공지능을 통해 시장의 흐름을 읽는다는 것입니다.

수학, 과학도 인문학이 바탕이 되어야 창조적 경지에 도달하며, 특히 철학은 인간의 사고의 틀을 확장하는 역할을 한다고 말합니다. 수학사에서 역사적 천재 수학자들을 가장 많이 배출한 나라는 프랑스인데, 그 저력은 학교에서부터 철학을 중시하는 데에서 나오는 것임을 강조했습니다. 이 책은 인공지능 시대를 맞아 부의 미래와 노후 대비 전략을 심도 있게 다루며, 인문학적 소양의 중요성을 강조하고 있습니다.

6장. 『미래의 부』 (이지성 저)

인공지능 시대의 부와 노후 대비

조선과 대한민국의 경제 현실

이번 책 '미래의 부' 서두에서는 그가 우리 조선의 역사를 이렇게 평가한 것이 인상적입니다. 부를 직접 생산하지 못했던 조선의 왕족이나 양반계급은 백성들을 계속 착취만 해왔습니다. 나중 실학자들이 나타나긴 했으나 실학의 시대는 열리지 못하였고, 조선은 상공업 중심 국가로 발전하는 기회를 놓치고 멸망하고 말았다는 것입니다.

그렇다면 현재의 대한민국은 어떠할까요? 우선 여성, 청년, 고령층 중심으로 1인 가구가 가파르게 늘고 있습니다. 이에 비례해 집값은 오르고 출산은 줄어들며, 빈곤층이 도시의 주류가 될 위험성이 있다고 합니다. 더구나 가난한 노인층이 급증하고 있다는 점도 우려 사항입니다.

고령화 시대의 노후 대비

베이비붐 세대의 건강 문제에 대한 언급도 흥미롭습니다. 이 세대의 건강이 어느 정도 유지되는 시기는 대략 72세까지로 봅니다. 이 책에서는 미국 태권도 전설 이준구 사범이 70대 초반까지는 팔굽혀펴기를 하루 천 개씩 하며 건강을 자랑했으나, 70대 중반 대상 포진으로 자리에 누워 몇 년 고생하다가 세상을 떠났다는 예를 듭니다. 노인 천국 아니, 노인 지옥은 일본이 먼저 경험했습니다. 고령화 사회로 진입하면서 집값이 대폭락 했기 때문입니다. 우리도 서울 가구 수가 줄어드는 2028년부터 부동산 폭락이 예측된다고 말합니다. 70대 이상으로 병원 신세를 지는 일본 노인의 의료 파산이 급증하는 것도 간과할 수 없는 현상입니다. 국민연금은 저출산, 고령화 시대에 자금 고갈이 발생하며, 물가 상승률까지 고려하면 우리의 노후를 보장해 줄 수 없다고 말합니다. 이를 뒷받침하려면 나라 경제도 어두워집니다. 우리의 경제 성장 전략/정책은 전무 하다시피 하며, 삼성전자 같은 일부 우량 기업을 제외하면 대부분이 흔들리고 있다는 것입니다.

노후 자금과 투자 전략

그렇다면 이 땅의 노인들은 30년을 버틸 준비가 되어있을까요? 은퇴 후 1인 월 적정 생활비를 154만 원으로 계산하고, 심각한 중병에 빠지지 않는다는 가정에서 의료비까지 감안하면, 앞으로 이 시더의 65세 이상 부부에게 필요한 노후 자금은 13억 원이라고 말합니다.

그렇다면 이 책의 핵심과 결론은 무엇일까요? 저자는 투자 수익률이 높은 편인 국민연금이나 강남의 초 부자들의 투자 유형을 배우라고 말합니다. 특히 미국 초우량 주식의 장기 투자 실천을 강력하게 권유하는데, '장기'와 '복리'가 만날 때 엄청난 효과가 나타난다는 것입니다. 이러한 대원칙하에 각 추천 종목들의 정보나 고수들의 투자 전략 등은 이 책을 통해 하나씩 직접 확인하고 배우는 편이 좋을 것입니다. 다만 저자는 인공지능, 양자 컴퓨터 등 외계인급 IT 기술 기업으로 구글을, 그리고 반도체 장비의 외계 기술 급 독점 기업으로 ASML을 꼽았다는 점은 미리 누설합니다. 이 책은 고령화 사회에서 현실적인 노후 대비와 현명한 투자 전략을 위한 실질적인 가이드 라인을 제시하고 있습니다.

개그맨 황현희의 투자 철학이 담긴 단숨에 술술 읽히는 책이지만 결코 가벼운 책이라고 말할 수는 없습니다. 그는 개그맨으로서 큰 성공을 했지만, 다시 실업자나 다름없는 신세가 되었다고 합니다. 하지만 그 이후 투자를 하면서 발생한 수익은 지난 20년간의 총 수입을 압도한다고 자랑합니다. 그는 지금까지 두 번의 큰 비웃음을 샀다고 말합니다. 한 번은 평소 진지했던 성격의 그가 개그맨이 되겠다고 했을 때, 친구가 "네가 한 말 중에 가장 웃긴다"라고 했다고 합니다. 두 번째 비웃음은 그가 투자가가 되겠다고 했을 때이고, 이제 책을 내며 세 번째 비웃음까지 나올 것으로 예상합니다. 이 책은 개그맨이라는 독특한 배경을 가진 저자가 투자의 세계에서 얻은 경험과 철학을 솔직하게 풀어내며, 독자들에게 투자에 관한 새로운 인사이트를 제공합니다.

7장. 『비겁한 돈』 (황현희 외1 저)

개그맨 황현희의 투자 철학

투자의 필수 시대와 '비겁한 돈' 전략

그는 이제 투자는 필수라며, 투자해도 괜찮은 시대에서 투자를 '해야만' 하는 시대로 세상이 바뀌고 있다고 말합니다. 돈은 왜 버느냐는 물음에는 의외로 노동이 싫어서라고 답합니다. 사실은 돈은 진정으로 하고 싶은 일을 할 수 있게 해주며, 자기다움을 선물해 준다는 돈의 철학을 펼친 셈입니다.

그럼 그의 투자 비법은 무엇일까요?

첫째는 쉼입니다. 가장 중요한 것으로 먼저 지금 당장은 투자에서 손을 떼는 것입니다. 이 역설의 의미는 무엇일까요? 투자하는 동안에는 냉철해질 수 없으며 그 대상을 객관적으로 바라볼 수 없습니다. 즉, 쉼 속에 공부와 아이디어의 숙성과 반전이 가능해진다는 것입니다.

두 번째 비결은 모든 투자의 대상은 늘 상승기-정체기-쇠퇴기라는 일정한 패턴을 보인다는 것을 깨닫는 일입니다. 어떤 우상향 주식도 반 토막 시기는 존재하며, 시간이 얼마가 걸리든 그 길목을 지키고 있는 비겁한 투자를 해야 한다는 것입니다. 결국, 쉬며, 살피고, 공부하며 상승장의 초입을 찾아내야 합니다. 사실 남들이 이젠 끝났다고 한탄하는 시장과 실패한 지점을 주목한다는 의미에서 '비겁한 돈'이라는 책 제목을 붙인 것 같습니다.

 최고의 동기 부여는 의지가 아니라 성과에 있다고 말하는 저자는 비겁한 돈을 통해 내가 받는 선물은 나태가 아니라 이를 통해 만들어지는 실력이라고 합니다. 즉, 운 좋게 성과를 내고 나면 결국 그 운을 자신의 실력으로 만들기 위해 열심히 노력하게 되어있습니다. 이 책은 투자의 본질과 시대를 읽는 안목의 중요성을 강조하며, 독자들이 자신만의 투자 철학을 정립하는 데 도움을 줍니다.

금융계 리더로서 20세기가 워런 버핏의 시대였다면, 21세기는 레이 달리오의 시대라는 표현이 있습니다. 달리오는 세계 경제의 흐름을 한 세대를 훨씬 넘는 빅 사이클 관점에서 바라봅니다. 세상사는 적응과 학습을 통해 진화와 상승세를 나타내기 마련입니다. 하지만 여기에는 언제나 거대한 사이클이 있다고 봅니다. 그는 어느 시대에나 다음과 같은 경제의 성공 공식이 있다고 주장합니다. 그것은 고등 교육을 받은 사람들이 서로 존중하며, 혁신적인 아이디어가 떠올랐을 때 자본 시장에서 자금을 용이하게 조달할 수 있어야 하고, 이를 구체화한 생산 제품을 만들어 이익 창출을 하는 경우입니다. 하지만 번영의 시대가 지나면서 약자들은 황폐화가 되고 양극화가 극심해지면서 부채로 인한 버블이 팽창하게 됩니다. 따라서 결국 파괴와 재건을 통한 새로운 질서가 창조되곤 하는 것이 인류의 역사에서 늘 반복되는 사이클이라는 것입니다. 이 책은 역사적 패턴과 거시적인 흐름을 통해 미래를 예측하고, 이에 따른 현명한 투자 전략을 제시합니다.

8장. 『변화하는 세계 질서』 (레이 달리오 저)

패권 이동과 투자 전략

기술 전쟁과 미중 패권 경쟁

저자는 이 책 전반에서 역사적 세계 패권 이동에 대한 분석에 상당한 지면을 할애합니다. 특히 기술 전쟁에서 승리하는 국가는 군사적 전쟁, 무역/경제 전쟁에서도 승리할 가능성이 높은 것으로 봅니다. 이 책의 저자 레이 달리오는 중국이 5-10년 후에 기술적으로 미국보다 훨씬 독립적이고 강력한 위치에 올라설 것으로 예측합니다. 현재 미국이 중국과 비교해 전반적으로 더 뛰어난 기술력을 가지고 있는 것은 사실입니다. 하지만 중국은 일부 AI, 빅데이터, 양자 컴퓨터, 통신 기술 등에서 이미 선두를 달리고 있습니다. 더구나 대학에서 STEM 졸업생 수는 미국의 약 8배에 달하며, 중국 정부와 벤처 투자자는 중국 개발자들에게 거의 무제한으로 자금을 공급하고 있습니다. 미국은 중국의 기술 도용을 문제시하며 중국 기술 기업들을 억제 또는 차단하려는 움직임을 보입니다. 사실 지적 재산 도용은 역사적으로 끊임이 없습니다. 세계 패권사를 돌아보면 영국은 네덜란드에서, 미국은 영국에서 지적 재산을 도용했습니다. 아무튼, 현재 중국과 미국 사이에 대대적으로 기술적인 분리(디 커플링)가 진행 중입니다.

미래 변화에 대한 대처법

마지막 장에서는 미래의 세계적 경제 변화와 이에 대한 대처법을 논하고 있습니다. 달리오는 미래에 잘 대처하려면 현재 상황들을 제대로 인식해야 하며, 일어날 가능성을 확률적으로 판단하고, 자신을 보호할 수 있을 정도로 이해를 넓힐 필요가 있다고 봅니다. 미래의 변화를 정확히 예측하는 것은 거의 불가능한 일이긴 합니다. 그렇더라도 과거를 추정하는 것은 일반적으로 합리적인 작업입니다. 다만 미래에 대해서는 예상을 빗나갈 것이기에 깜짝 놀랄 준비를 하는 것이 좋다고 표현합니다. 투자 관점에서 본다면 필연적 진화가 불러올 상승세에 배팅하는 것이 맞지만, 그 과정에서 맞닥뜨릴 사이클과의 충돌에 무너질 정도로 지나치게 공격적으로 배팅해서는 안 된다는 조언도 합니다. 우리는 아는 것과 알지 못하는 것들 사이에서 어떤 대처 전략을 가지는 것이 좋을까요? 미래에 배팅하는 것은 확률에 배팅하는 것이며, 자신은 이런 방법을 알고 있었기 때문에 성공을 거둘 수 있었다고 말합니다.

포트폴리오 전략과 다각적 분석

개인적으로 매우 공감이 가는 그의 전략은 다음과 같습니다. "모든 가능성을 파악하고, 최악의 시나리오에 대해 생각한 다음, 극복할 수 없을 것 같은 시나리오를 제거할 방법을 찾아라". 자신은 서상의 종말을 가정한 포트폴리오까지 구축해 놓았다고 합니다. 또 이런 조언도 합니다. "가능한 한 가장 똑똑한 사람들과 함께 사안에 대해 다각도로 분석하라". 자신은 여러 분야의 가장 똑똑한 사람들과 어울리며 내 생각을 검증하고 그들에게 배움을 얻는다고 말합니다. 이 책은 변화하는 세계 질서 속에서 개인과 국가가 나아가야 할 방향에 대한 조언과 함께, 현실적인 투자 전략을 제시하여 독자들이 미래를 준비하는 데 큰 도움을 줄 것으로 봅니다.

인류의 독창적이고도 묘한 발명품인 돈은 지불을 이행하겠다는 추상적 약속 같은 것입니다. 하지만 역사적으로 보면 화폐는 언제나 정치적으로 악용된 측면이 많습니다. 즉 통치자들은 전쟁이나 사욕을 앞세워 적정 세금 징수를 초월하는 수준의 화폐를 찍어내며 통치 자금으로 사용하곤 했던 것입니다. 돈의 역사는 곧 인플레이션의 역사라고 말하는 이 책 저자는 20세기에 이르러서의 초인플레이션은 대부분 정치적 격동기에 발생한 것으로, 일종의 정치적 인플레이션이었다고 표현합니다. 이는 종이를 사용하는 지폐 탓으로 볼 수 있으며, 국가는 인플레이션을 조장해서 부채 부담을 없애기도 했습니다. 인플레이션은 통화량과 상관관계가 있으며, 물가 측면만이 아니라 주식, 부동산 등 자산 인플레이션도 동시에 발생시킵니다. 통화량 급증은 곧 화폐의 가치를 떨어뜨리는 것으로, 부자들에게도 엄청난 재산을 증발시키고 무수한 시민들을 빈털터리의 나락으로 빠지게 합니다. 이 책은 인플레이션의 역사와 원인을 경제학적 관점에서 심도 있게 분석하며, 현대 사회에서 인플레이션이 가져올 파급력에 대해 경고합니다.

9장. 『인플레이션』 (하노 벡 저)

화폐의 역사와 경제학적 관점

경제학파의 상반된 의견과 스태그플레이션

그런데 경제학파들은 인플레이션에 대해 상반된 의견을 내놓습니다. 즉 국가적 적극 개입을 옹호하며 이를 통해 금융 위기도 해결할 수 있다는 케인스학파와 공급은 수요를 스스로 창출하므로 경제 위기는 불가능하다는 'Say's law' 기반의 자유 시장 원칙을 고수하는 고전학파로 나뉘었습니다. 그런데 1970년대와 90년대에도 인플레이션의 유령이 떠돌기 시작하면서 고인플레이션과 고실업이라는 위험한 조합이 등장하여 스태그플레이션 조짐이 나타나기 시작했습니다. 70년대 인플레이션의 핵심 원인은 원유 가격 상승으로 인한 일종의 '공급 파동' 문제였습니다. 그런데 실업률이 증가하면 국가의 재정 지출을 늘려 고용을 창출하면 이를 해결할 수 있다는 필립스 곡선 이론은 그 효과성에 문제가 있었습니다. 이 무렵 시카고의 작은 거인 밀턴 프리드먼은 더 작은 국가의 신자유주의를 주장했습니다. 물가 상승으로 인건비 상승 압력이 커지면 기업의 인력 고용 의욕을 떨어뜨린다는 문제 지적을 하면서 말입니다.

저금리 시대의 문제점과 자산 버블

그럼 최근 수십 년간 금리가 급격히 떨어진 원인은 무엇일까요? 버냉키는 글로벌 저축 과잉을 꼽기도 했습니다. 인구 고령화로 대부분의 선진국 경제가 노후 대비를 위한 저축 모드로 돌아섰기 때문이라는 것입니다. 또 전문가들은 구조적 장기 침체로 인한 투자 감소도 중요한 원인으로 꼽습니다.

저금리 시대는 낮아진 대출 문턱으로 수많은 사람이 무턱대고 대출을 받게 하는 분위기를 조성합니다. 따라서 개인 부채의 증대로 인한 파산 위기가 더욱 커지게 됩니다. 또 저금리로 인해 예금자들은 리스크가 더 큰 다른 형태의 투자 상품에 몰리거나 유가물을 매수하는 등 아예 저축을 외면하는 선택을 할 수도 있습니다. 문제는 이런 상황에서는 모든 유가물에도 급격히 거품이 끼기 시작한다는 것입니다. 따라서 자산 가격이 마침내 붕괴가 되기 전에 여기서 빠져나오는 전략을 써야 합니다. 그렇다면 이때의 현금은 또 어디로 가야 할까요? 이미 모든 유가물, 소비재도 자산 인플레에 빠져있는데 말입니다. 그러기 때문에 인플레이션을 구조적 위험이라고 하는 것입니다.

주식 투자와 바퀴벌레 포트폴리오

주식은 물가 인플레이션을 피할 수 있지만, 시세 변동 리스크가 크고,

이 역시 자산 인플레의 위험에 노출되어 있습니다. 일반적으로 주식 시장의 위기는 3-8년 주기로 발생한다고 합니다. 하지만 만일 투자 기간을 충분히 길게 10년 이상으로 잡는다면 그 리스크는 현격히 감소한다는 것이 포인트라고 말합니다. 지난 수십 년간 주식은 평균 8%가 넘는 수익을 보였다고 합니다. 하지만 향후 수십 년 동안 아마도 이보다는 2-3% 낮은 수익률을 보일 것으로 예상해야 합니다. 그래도 이 정도 수익률은 다른 투자 대상과 비교해서는 매력적인 수치로 봐야 합니다. 다만 단기 투자자가 되어서는 실패할 가능성이 커진다는 점은 언제나 명심해야 합니다.

저자는 결론적으로 바퀴벌레 포트폴리오를 권유합니다. 바퀴벌레는 3억 5천만 년 전부터 지구상에 존재해 왔으며 '가늘고 길게' 살면서 그야말로 끈질긴 생명력을 갖고 있습니다. 그렇다면 그런 투자법이 있다는 말일까요? 그것은 주식/금/국채/예금 등에 균등하게 투자하는 'n분의 1 투자법'입니다. 한편 자기 계발을 위한 교육 투자를 권고합니다. 자신이 계속 발전할 수 있으며 인플레이션의 영향도 피할 수 있습니다! 게다가 자산 인플레이션으로 인한 위험도 줄어듭니다. 물가가 오르면 임금도 오르고 수익도 그만큼 커지기 때문입니다. 또 감정적인 관점의 수익도 고려해 볼 직한데, 이는 봉사와 선행을 통한 행복감 수익을 일컫는 것입니다. 이 책은 인플레이션의 위협 속에서 자산을 보호하고 증식하기 위한 다양한 투자 전략과 함께, 인간적인 가치를 추구하는 삶의 지혜를 제시합니다.

이렇게 명쾌한 책을 만나기는 쉽지 않습니다. 단순한 리스크(risk)와는 또 다른 차원의 이야기로, 여기서는 명백히 글로벌 규모로 성큼 다가서 있는 초거대 위협(megathreat)을 말합니다. 그렇다면 초거대 위협이란 무엇을 말하는 것일까요? 일단 거시적으로 고령화 같은 인구 통계학적 시한폭탄, 지정학적 갈등과 새로운 냉전의 시작, 그리고 기후 재앙으로 거주 불가능한 지구 문제 등을 가리킵니다. 그런데 경제 측면에서는 오늘날 미중 간의 패권 전쟁으로 촉발된 탈 세계화 문제점을 강력한 어조로 비판합니다. 사실상 미래에 대해 더욱 우려해야 할 점은 인공지능과 자동화가 가져올 일자리 소멸과 양극화 문제라는 것입니다. 이 책은 인류가 직면한 거대한 위협들을 분석하고, 이에 대한 현실적인 대처 전략을 제시합니다.

10장. 『초거대 위협』 (누리엘 루비니 저)

글로벌 리스크와 투자 전략

글로벌 무역과 스태그플레이션 경고

 글로벌 무역에 관한 제재는 인플레이션을 불러일으키고 빈곤층을 곤경에 빠트리는 부작용만 촉발할 뿐, 그 효과는 미미합니다. 따라서 정부는 오히려 문호를 열어야 하며, 대신 소외 계층에 대한 지원에 열중해야 한다고 말합니다. 급격한 인플레이션은 고금리를 부를 수밖에 없으며, 향후 경제적으로는 닥칠 가장 무서운 상황은 바로 부채 및 금융 위기 그리고 스태그플레이션입니다! 그렇다면 이런 시기에 일반 투자자 관점에서는 어떤 전략이 필요할까요?

투자 전략: 자산 포트폴리오

 우선, 주식 대 채권의 60:40 전통 공식에서 채권 투자분은 인플레이션 지수 채권이나 단기 국채 등 다른 곳으로 옮기고, 또 위험한 주식은 처분하는 것입니다. 그리고 인플레이션 관점에서 귀금속이나 원자재에 투자합니다. 그리고 토지, 상업용/주거용 부동산에서 상대적으로 공급이 제한된 지속 가능한 실물 자산에 투자하는 방법도 있습니다. 현금은 인플레이션 시기에는 가치가 침식되긴 해도, 주식처럼 막대한 손실은 피할 수 있습니다. 그리고 현금을 많이 보유하고 있으면, 주가가 바닥을 쳤을 때 저렴한 가격으로 이를 매수할 수 있다는 것이 자랑이기도 합니다.

유토피아 비전과 나스닥 투자

 강력한 성장에 대한 유토피아적 비전은 결국 첨단 기술에 달려있을 뿐이라고 말합니다. 나스닥 100에 투자하는 것은 좋은 전략이지만, 현재 거품이 많이 끼어 있어서 경기 침체로 지수가 더 하락할 때를 기다리라고 조언합니다. 이 책은 지구촌 경제의 불확실성 속에서 투자자들이 현명한 결정을 내릴 수 있도록 현실적이고 구체적인 투자 전략을 제공합니다.

이 책은 인류가 한 번도 경험해보지 못한 인구 구조적 사회 변화상에 관한 이야기입니다. 출생률 감소와 초고령화는 전 세계에서 펼쳐지고 있는 슈퍼 메가트렌드입니다. 이에 따라 고령층 인구의 욕구와 요구에 대한 새로운 인식들이 생겨야 합니다. 다가올 슈퍼 에이지 시대는 많은 사람에게 커다란 도전을 던져줄 것입니다. 그러므로 정책 면에서나 기업 전략 면에서 큰 관심과 고려가 필요합니다. 이 책은 초고령화 사회가 가져올 다양한 도전과 함께, 그 속에서 새로운 기회를 모색하는 방안을 제시합니다.

11장. 『슈퍼 에이지 이펙트』 (브래들리 셔먼 저)

고령화 사회의 도전과 기회

에이지즘과 엘더노믹스

 오늘날 수명의 증가는 생애 막바지의 쇠퇴기가 연장되는 것이 아니라, 인간이 더 건강하고 생산적으로 보낼 수 있는 중년기가 늘어나는 현상입니다. 노화 과정과 노인에 대한 부정적인 편견에 대해 '에이지즘'이라고 표현도 합니다. 하지만 이런 선입견은 인종/여성 차별주의 경우처럼 노인의 자존감을 짓밟고 능력을 폄훼하는 결과를 낳습니다.

 이 책의 핵심 주제는 엘더노믹스(eldernomics)라고 말할 수 있는데, 꾸준한 교육과 훈련을 통한 노인들의 경제적 안정성과 취업 능력 향상을 촉구해야 한다는 것입니다. 인간은 오래 살수록 어떤 사회, 또는 조직 일부가 되기를 바란다고 합니다. 뚜렷한 삶의 목적을 갈망하고 나보다 더 가치 있는 무엇에 역할을 하며 주변으로부터 인정받는 사람이 되기를 바라는 것입니다.

노후 환경 조성과 이동성 문제

65세 이상 연령층(기대 수명은 80대 초중반) 대부분은 본인의 집에서 노후를 보내기를 원합니다. 그러기 위해서는 물리적으로도 완전한 환경을 구축하고 각종 서비스를 받을 수 있는 여건을 미리 조성해야 할 것입니다. 미국에서는 한 해 평균 300만 명의 65세 인구가 낙상 사고(주로 집안의 욕실에서 발생)로 병원 치료를 받는다고 합니다. 환자만 80만 명에 달하고 그중 30만 명은 고관절 골절로 고생을 한다고 합니다. 삶의 후반기에 닥치는 가장 큰 문제 중 하나는 이동성의 상실인데, 이는 노인들의 사회적 고립감과 외로움을 더욱 가중시킵니다. 그런데 최근에는 온라인으로 호출할 수 있는 다양한 이동 수단이 늘어난다고 합니다.

시니어 주거 트렌드

요즈음은 시니어타운 같은 집단적인 환경은 거부하는 경향을 언급합니다. 이보다는 주택 유지비가 저렴하고 전담 돌봄 서비스가 가능한 지역으로 이주하는 추세라는 것입니다. 동네 공원이나 하이킹 코스까지 도보로 이동 가능하며, 다양한 세대가 함께 어우러진 공동체에서 살기 원한다는 점도 간과할 수 없습니다. 이 책은 초고령화 사회를 단순히 위기로만 보지 않고, 노인들의 잠재력과 새로운 경제적 기회를 발견하며, 모든 세대가 함께 행복하게 살아갈 수 있는 사회를 만드는 비전을 제시합니다.

제5부. 학습과 성장

저는 대학 시절 세계적인 수학자가 되고 싶다는 야망을 품으며 수학이라는 전공을 선택하긴 했습니다. 하지만 시국이 어수선하고 데모와 휴학이 잦았던 80년 전후 교정에서 철학을 기웃거리기도 하며 수학을 제대로 깊게 공부하진 못했던 것 같습니다. 군을 다녀온 후 금성사(LG전자)를 다니며 유학을 준비하기도 했으나, 가정에 돌발 사태가 발생하여 이를 핑계 삼아 그냥 소프트웨어 엔지니어로 눌러앉기로 했습니다. 일단 프로그램을 배우고 작성하는 게 너무 재미있기도 했습니다. 더구나 회사에서 매월 꼬박꼬박 돈까지 주니 얼마나 좋았던지 모릅니다. 그래도 30대까지는 미국 출장을 가서 대학 캠퍼스를 둘러보게 되면 가슴이 들끓었습니다. 이런 곳에서 5년 정도만 수학에 몰입해 보았더라면 하는 못 이룬 열망 때문이었습니다.

1장. 『학문의 즐거움』 (히로나카 헤이스케 저)

수학자의 삶과 학문적 교훈

히로나카 헤이스케의 회고록: 평범함을 넘어서는 열정

 여기 『학문의 즐거움』이라는 책은 대수 기하학 분야 연구로 필즈상까지 받은 바 있는 일본 수학자 히로나카 헤이스케가 오래전 펴냈던 일종의 회고록입니다. , 한국의 유일한 필즈상 수상자인 프린스턴대 허준이 교수는 오래전 히로나카 교수가 서울대 방문 교수로 와있을 때 그로부터 큰 영감과 영향을 받았다고 합니다. 정규직 수학자는 아니지만, 아직 수학과 연을 맺고 있는 저로서도 이 책은 특별히 흥미롭습니다. 이 책에 나오는 수학자의 삶, 그리고 세계적인 수학자가 후학들에게 던져주는 교훈은 어떤 것들일까요? 책의 표지에는 대학 3학년 때 수학자 꿈을 꾸기 시작했던 평범한 늦깎이 수학도가 결국 끈기 있는 노력으로 대성한 것처럼 표현합니다. 하지만 고등학교, 대학 시절의 에피소드들을 보면 그는 결코 평범한 학생은 아니었던 것 같습니다. 고교 시절 어려운 기하 증명 문제 하나를 해결하기 위해 2주간 그 문제만 몰입하다가 해결해낸 적도 있었고, 교토 대학 이학부에서도 참 열정적인 자세로 공부했던 것 같습니다.

좌절과 성장의 순간들 하지만 교토대 석사과정 중에는 정신적 방황이 컸었던 모양입니다. 시험에서 좋은 성적을 받고 어려운 수학 이론을 이해했다는 데에 만족했던 시기는 지나가고, 내가 무언가를 창조해내야 하는 시기가 도래했기 때문입니다. 매년 산더미 같은 논문이 쏟아져 나오지만 대부분 쓰레기가 되고 만다는 것을 알게 됩니다. 반면 수많은 우수한 논문들 앞에서는 심적으로 압도당하고 말았습니다. 이 책의 백미는 하버드대학 박사과정으로 유학 간 이후 만나게 된 천재들과 위대한 수학자들에게 자극도 받고 좌절도 하며 크게 성장해나갔던 그의 체험담입니다. 이 대목에서는 교훈적인 내용이 많으며, 다양한 상황에서의 수학자의 멘탈을 적나라하게 보여주고 올바른 마음가짐도 일깨워줍니다. 결국, 저자는 천재성보다는 특유의 노력과 끈기로 큰 연구 실적이 가능했던 것으로 자평을 합니다.

학문의 목표와 체념의 기술

저자는 학문에 있어서 매우 중요한 것으로 '목표' 의식을 꼽습니다. 이것이 자신을 계속 앞으로 밀고 나갈 정신적 에너지라는 것입니다. 입시 같은 일시적인 목표는 그 의미가 곧 사라지지만, 인생에 있어서의 학문적 목표는 유효 기간이 깁니다. 나보다 공부가 앞서는 친구가 있더라도 다른 사람과 비교할 필요는 전혀 없다고 말합니다. 또한 "나는 이 학문, 이 일에 종사하고 싶다."라는 내면의 단단한 욕망이 꼭 있어야 한다는 점을 강조합니다.

때로는 체념의 기술도 필요하다고 합니다. 수학을 하다 보면 문제의 90%는 해결하고도 나머지 10%에 가로막혀 전체를 포기해야 할 위기에 봉착하기도 합니다. 자칫하면 신경 쇠약으로 몰고 갈 수도 있는 상황에서 "난 바보니까요."라고 했던 옛 과외 제자의 응답을 떠올리며 잠시 주저앉아버리기도 했다고 합니다. 그러다 보면 경직된 사고에서 해방이 되며 다시 새로운 에너지가 살아나 나머지 10%가 해결되기도 했다는 것입니다.

역경의 중요성과 창조의 희열

역경을 반가워하라는 말도 매우 인상적입니다. 위대한 수학자 푸앵카레는 "창조란 버섯 같은 것이다."라고 말했습니다. 송이버섯은 먼저 땅 밑으로 뿌리를 뻗어가는 축적의 단계가 필요합니다. 하지만 어떤 시점에서 온도, 송진 등 뿌리의 성장을 방해하는 조건이 있어야 버섯 형태가 만들어진다고 합니다. 학문적 대업에 있어서도 마찬가지이며, 기업, 인생에서도 행운과 역경은 모두 필요하다고 강조합니다.

사실 수학이라는 학문은 어려움투성이로 즐거움과는 전혀 관계가 없는 것처럼 보이기도 합니다. 저자조차도 머리말에 현직 수학자로서 아직도 골치를 앓고 있다고 넋두리를 합니다. 그렇지만 학문은 즐거운 것, 기쁨을 맛보는 것이라고 장담합니다. 또한, 배우는 것을 넘어 새로운 것을 창조하는 단계에 들어서면 큰 희열이 온다며 "창조하는 인생이야말로 최고의 인생이다."라고 말하기도 합니다. 이 책은 학문의 진정한 즐거움과 끊임없는 도전의 가치를 일깨우며, 독자들이 자신의 삶에서 창조적인 의미를 찾아 나설 수 있도록 격려하고 있습니다.

과거에는 수학에서 계산이 가장 중요한 부분을 차지했습니다. 이제 그 역할은 기계가 떠맡습니다. 조만간 논리학도 인간의 손을 떠날 것으로 봅니다. 앞으로 수학은 기계가 다루지 못하는 영역만 다루게 될 텐데, 여기에서 천재 수학자 푸앵카레의 말이 떠오릅니다. "수학의 본질은 조화의 정신이다." 이것이 이 책 전체를 흐르고 있는 주제라고 할 수 있습니다. 이 책은 수학이 단순히 계산과 논리의 영역을 넘어, 직관과 조화, 그리고 인간적 정서와 깊이 연결되어 있음을 강조하며, 수학 교육의 새로운 지평을 제시합니다.

2장. 『수학자의 공부』 (오카 기요시 저)

직관, 조화, 그리고 정서 교육

오카 기요시의 연구와 인간적 정서의 중요성

저자인 오카 기요시는 다변수 함수론의 3대 난제 해결을 해낸 세계적인 일본 수학자였습니다. 그의 연구는 필즈상을 받은 히로나카 헤이스케의 복소 다양체의 특이점 연구에도 중요한 아이디어와 영감을 주었다고 합니다. 이 책 전반에서 신선하게 와 닿는 것은 탁월한 수학자에게는 무엇보다도 인간적이고 낭만적인 정서가 매우 중요한 작동을 한다는 점입니다. 이는 수학적 사고가 단순히 이성적인 활동을 넘어, 감성적이고 직관적인 영역과 밀접하게 연결되어 있음을 시사합니다.

직관력과 지성의 자주성

우선 학문에 있어서 진정한 지력을 발휘하기 위해서는 직관력을 중시해야 한다고 합니다. 직관으로는 세 가지를 꼽습니다. 첫째는 선악 구별처럼 자명한 것에 대한 믿음입니다. 사리사욕을 줄이고 마음의 때를 벗겨내야 이런 직관력이 생긴다고 합니다. 두 번째 직관은 좋은 선율이나 제비

꽃을 보고 아름다움을 느낄 수 있는 마음입니다. 세 번째 직관은 무의식적 행동을 유발하는 잠재 의식적 판단입니다. 이를 통해 자신의 한계까지도 일순간에 파악한다고 합니다.

지성의 자주성도 강조합니다. 제약이 없이 자유로운 지성의 존중은 그리스 문화의 특성입니다. 인도나 중국에는 이런 문화가 결핍되어 있어서 역사적으로 수학, 과학의 발전에 한계가 있었다고 봅니다. 특히 수학의 세계에서 저자는 유클리드 3차원 기하학을 초월한 독일 수학자 리만의 자유분방한 정신을 배워야 한다고 강조합니다.

수학 교육의 목적과 정서 교육의 중요성

진정한 수학은 직관력이 동원되는 것이며, 칠판에 쓰인 대상을 눈으로 보는 것이 아니라, 마음에 있는 것을 마음의 눈으로 보는 것이라고 말합니다. 그러면서 이를 '군자의 수학'이라고 표현했습니다. 수학 교육의 목적은 계산을 잘하게 하는 것이 아니며, 대자연의 직관이 인간의 마음 중심에 닿도록 하는 데 큰 도움을 주는 것이라고 합니다. 연필을 들기 전에 머릿속에서 충분히 생각하고 정리하는 습관도 권유합니다.

수학이란 학문은 오랜 역사 동안 인간성에 본질에 기초를 두고 있다고 말하며, 수학자는 씨를 뿌려 곡식을 수확하는 농부에 비유합니다. 수학이란 물리학과는 달리 무에서 유를 만들어내는 작업으로, 종자를 잘 골라

밭에 뿌리고 싹을 틔워 이들이 크게 자랄 때까지 지켜본다는 것입니다. 결국, 수학의 본질은 조화에 있다고 보면서, 오늘날 수학 논문들을 보면 푸앵카레처럼 수학의 본질을 통찰하려는 사람들을 찾아보기가 어렵다고 한탄합니다.

 저자는 더 나아가 학문은 머리로 한다는 통념을 인정하지 않으며, 인간의 부 교감 정서를 학문의 중심축으로 바라봅니다. 학문은 재능이나 잔재주로 되는 것이 아니라는 것입니다. 하지만 오늘날 교육 제도가 아이들의 정서 교육을 홀대해왔으며, 그것이 창조성을 얼마나 심각하게 갉아먹는지를 개탄하며 경종을 울립니다. 우리의 정서 구조란 자연이 인간에게 부여하는 것을 잘 받아들이며 살아가기 위한 통로 구조라는 것을 일깨웁니다. 이 책은 수학을 통해 인간의 내면을 성찰하고, 정서 교육의 중요성을 강조하며, 미래 시대에 필요한 창조적 사고력을 기르는 혜안을 제공합니다.

오랜만에 만난 좋은 책입니다. 퇴계, 율곡과 함께 조선 시대 최고의 학자로 꼽히는 다산 정약용 선생의 공부법에 관한 책인데, 자녀에게 쓴 정성 된 편지 속에 그의 철학과 열정적인 자녀 교육관이 잘 드러납니다. 다산은 중국 고전 기반의 유학과 조선 시대 성리학, 그리고 실학에 천주교 사상까지 가미시켜 나름 독창적인 사상 체계를 펼친 조선 시대 대학자였습니다. 천명이 부여한 본성을 이야기하는 성리학의 성즉리(性卽理)에 기반을 두기는 합니다. 하지만, 동물과는 달리 인간의 성에는 기질적인 것과 도의적인 것 양자가 들어가 있으며, 우리는 이 양자 사이에서 자유 의지라는 선택권을 통해 후자에 중점을 두는 삶을 살아야 하는데 이것이 바로 천명이라는 것이 그의 철학의 핵심입니다. 이 책은 다산 정약용의 깊이 있는 철학과 실천적인 교육관을 통해 현대인들에게도 삶의 지혜와 자녀 교육의 방향을 제시합니다.

3장. 『다산의 공부』 (송석구, 김장경 저)

정약용의 철학과 자녀 교육관

인간 마음의 세 가지 속성: 성, 권형, 행사

다산은 인간의 마음에 세 가지 속성이 있다고 말합니다. 첫째는 성(性)이며, 둘째는 권형(權衡)이고, 셋째는 행사(行事)입니다. 성이란 원래 선을 좋아하고 악을 수치스럽게 여기는 천성을 말하는데, 이것이 맹자가 말한 성선설입니다. 권형은 선을 선택할 수도 있고 악을 선택할 수도 있는 자유 의지를 일컫는 것이고, 행사는 선을 행하기는 어렵고 악을 행하기는 쉬운 형세를 말하는 것인데, 이 속성 탓에 순자의 성악설도 나온 것 같습니다.

다산은 위의 세 가지 속성 중 권형을 매우 중요하게 보았습니다. 우리가 경전을 읽고 공부를 하는 것은 생각의 형세를 사악함에서 선함으로 몰기 위한 것으로 볼 수 있습니다. 이 책의 저자는 이 대목에서 우리의 성취동기와 의지로 우리의 미래를 늘 새롭게 개척해 나갈 수 있다고 하는 아들러 심리학을 연상시킨다고 언급합니다. 다산 정약용 선생도 이런 정신 자세로 좌절을 극복하고 대학자가 될 수 있었다는 것입니다.

관계의 철학

정약용 철학의 또 하나 특징은 '관계의 철학'입니다. 홀로 신령하고 어진 마음을 가지는 것이 인(仁)이 아닙니다. 관계에서 노력하는 것이어야 하며, 인에 이르는 보편적 도덕 원리로는 헤아려 베푸는 '서(恕)'를 제시했습니다. 당시 성리학에서는 세상 만물을 만들어내는 이치를 인이라 하며 이를 태극과 같은 의미로 간주했지만, 다산에게 인이란 관계적, 실천적 개념이었던 것입니다.

다산의 공부법: 궁리의 활법과 전뇌 학습

한편, 그의 공부법을 읽다 보면 과연 대학자로서 직접 체험했던 학문의 험난하고 긴 과정과 이를 위한 그의 올곧은 정신 자세가 잘 드러납니다. 우선 큰 즐거움을 주는 것들은 수준이 오르고 맛을 아는데 시간이 꽤 걸린다는 공통점이 있으며, 공부도 다른 얕은 쾌락류와는 달리 이런 부류로 보았습니다.

궁리의 활법

학문의 이치를 깨우치는 데에는 가끔 벽에 막힐 수도 있습니다. 하나의 문제에서 막히면 이를 잠시 내려놓고 다른 단원의 앞뒤 맥락으로 이해를 해보기도 하고, 다른 책을 검토해 보기도 하고, 좀 더 쉬운 기초 자료를 찾아보기도 하며, 다른 학문에서 단초를 얻기도 하는 등 다른 궁리를 해야 한다고 말합니다. 퇴계는 율곡에게 주는 편지에서 이런 '궁리의 활법'을 이야기한 적이 있습니다. 다산도 글을 읽다가 벽에 막히면 급한 성품에 황망해지고 불안정해져서 중도에 나락에 빠져 그만두는 경우가 있었다는 고백을 합니다.

전뇌 학습법과 진정한 학문 실력

 다산은 또한 경전을 공부할 때 한 과목만 길게 공부하는 것보다는 새로운 자극의 변화를 주면서 여러 책을 번갈아 가며 읽는 방법을 권유합니다. 논어, 맹자 같은 반듯한 책을 읽다가도 장자 같은 기이한 책을 읽는 방식으로 일종의 전뇌 학습법입니다. 좌뇌는 지성, 우뇌는 감성, 간뇌는 직관과 영감을 담당하는데, 한 뇌만 줄곧 사용하면 지치기 쉬우므로 이를 번갈아 사용할 줄 알아야 합니다. 다산은 항상 같은 책단 읽는 건 친구도 없이 지루하게 먼 길을 떠나는 것과 같다는 비유를 하기도 했습니다.

 시험이나 교재를 뛰어넘는 곳에 진정한 학문 실력이 꽃핀다는 점도 강조를 합니다. 다산은 아들에게 주는 편지에서 본인의 시나 문장도 어마어마한 물로 씻어내도 끝내 과문(과거시험에 적합한 문체)을 벗어날 수 없었고, 잘 지은 것도 관각체(과거 응시자들 사이에 성행했던 중국 한림원 문체)의 느낌을 면하지 못하노라고 고백했습니다. 이는 경계를 넘나들며 자유롭게 공부한 지식이 오랫동안 자신의 진짜 지식으로 남는다는 점을 강조한 것입니다.

자녀 교육과 옳고 그름의 판단 기준

이 책에서는 다산이 두 아들에게 편지를 보내 학문을 강력히 권면하는 장면이 무척 감동적입니다. 천주교 건으로 모함을 받고 귀양을 가서도 독서와 학문에만 정진하며 수백 권의 책을 썼던 다산은 두 아들에게 폐족 입장인데 학문을 하지 않고 예의가 없다면 이는 천민이나 다름없으며 금수로 가는 길이라며 경각심을 불러일으켰습니다. 폐족 중에 특별한 기재가 나타나는 경우가 많은데, 이는 과거의 폐단에 얽매이지 않기 때문이라고 말하며, 과거로 출세할 수 없다고 좌절하지 말고 경전 공부에 힘써서 책 읽는 자손이 끊어지지 않도록 하라는 당부를 거듭합니다.

시비와 이해의 판단 기준

큰아들 학연이 아버지 다산에게 그의 석방을 반대하는 상소를 올렸던 두 사람에게 선처를 부탁하는 편지를 쓸 것을 요청하는 상황도 인상적입니다. 다산은 그 답신에서 천하에는 두 가지 판단 기준이 있다고 말합니다. 시비(옳고 그름)와 이해(이익과 손해)라는 두 가지입니다. 이 중 옳고 이로운 것이 최상 등급이며, 옳지만 해로운 것인 두 번째이고, 그르지만 이익인 것이 세 번째이며, 그른 길을 택하다가 손해까지 보는 것이 네 번째라고 말합니다. 연민을 구걸하며 아첨하는 일은 세 번째 등급을 구하려다가 네 번째 등급으로 떨어지는 어리석음이라고 나무랐습니다. 이 책은 다산 정약용의 삶과 철학, 그리고 자녀 교육에 대한 깊은 지혜를 현대인들에게도 제시합니다.

이 책은 독일의 저명한 언어 철학자인 페터 비에리 교수가 들려주는 아름다운 교양 이야기입니다. 이 100페이지도 안 되는 이 얇은 책에서 저자는 우선 '교양이란 무엇인가'에 대해 절반 가까운 페이지를 할당합니다. 오늘날 우리는 교양의 의미와 가치에 대해 길을 잃고 있다는 느낌마저 듭니다. 그런데 이 책은 짧은 글들 속에서 문학적 향취에 음악적 선율까지 뿜어내며 우리를 은은한 교양 철학의 세계로 인도합니다. 저자가 말하는 교양이란 과연 어떤 것일까요?

4장. 『교양수업』 (페터 비에리 저)

교양의 의미와 현대 교육의 방향

교육과 교양의 차이

교육을 받는다는 것이 곧 교양을 쌓은 것으로 직결되지는 않습니다. 전자는 무언가를 할 수 있도록 하는 목적과 관련이 있는 것이라면, 후자는 무언가 되려는 의식과 관련이 있습니다. 즉 이 세상에 존재하는 어떤 삶의 양식을 지향하는 것입니다.

교양의 시작과 교양인의 태도

교양은 호기심으로부터 시작됩니다. 호기심을 지탱하는 두 개의 기둥은 그것이 무엇인가를 아는 것과 어째서 그런지를 이해하는 통찰입니다. 하지만 회의적 거리감도 가지고 있어서 그중 확실치 않은 것을 구분해내고 반성할 수 있어야 합니다. 교양은 다양함에 대한 인지, 그리고 남의 것에 대한 존중의 태도를 지녀서 처음엔 우월감이었을지라도 곧 이를 거두어들이는 것을 의미합니다. 자신이 속한 문화적, 도덕적 정체성이 가진 역사적 우연성을 인정해야만 제대로 성숙한 사람이라는 것입니다.

교양인의 독서와 내적 성장

 교양인은 책을 읽는 사람입니다. 다만 읽기만 하는 것이 아니라 이를 통해 변화와 확장을 끌어내어 결국 행위로 이어지게 하는 사람입니다. 또한, 문학을 통해 경험을 세분화시켜 느낄 수 있으며, 세상과 자신에 대해 더 잘 이야기할 수 있는 사람입니다. 외부로 향한 호기심은 거대한 대자연에 관한 탐구로, 내부로 향한 호기심은 자신의 사회적 정체성과 내적 다면성의 이해로 이어집니다. 교양은 내적으로 우리 자신을 위한 정신의 조각상을 만들고 고치며 다듬는 것입니다.

도덕적 감수성과 언어의 중요성

 인성 교육을 통해 도덕적 감수성은 발전이 됩니다. 이는 곧 공감 능력이며 사회적 상상력이라고 부를 수도 있을 것인데, 이것은 교양의 중요한 척도이기도 합니다. 결국, 교양이란 방향성, 자아 인식, 내적 자유, 도덕적 감수성, 상상력, 예술 등 모든 것을 다 아우르는 것인지도 모릅니다. 저자는 언어 철학자답게 이해의 도구로서의 언어의 중요성을 강조합니다. 언어는 경험을 개념적으로 조직하는 능력으로 작용합니다. 우리는 언어를 통해 자기가 하는 말의 근거를 댈 수 있는 존재, 즉 사고하는 이성적인 존재가 됩니다. 한편, 문학을 언어의 음악이라고 표현하기도 합니다.

현대 교육과 인문학의 역할

 돌이켜보면 대학은 원래 상아탑으로 불리며 인문적 교양을 중심으로 전문 지식도 함께 쌓는 곳이었습니다. 하지만 현대 문명에 이르러 직업적 경쟁력을 위한 기능적 측면이 더욱 강해져 왔습니다. 그러다 보니 이공계나 경영학 같은 실증적 학문이 대세를 이루게 되었습니다. 오늘날 대한민국 인재들은 의대를 포함한 이공계로 쏠리는 경향이 강합니다. 하지만 인문학적 훈련은 외부 대상에 대한 상상력과 영감이 크게 작용할 수 있게 합니다. 역으로 자연에 대한 과학적인 관찰과 이해도 인간의 내적 요소들에 대한 성찰을 더욱 깊어지게 합니다.

 필자는 학생들에게 이렇게 말하곤 합니다. 대학에 어떤 전공으로 들어가도 문제 될 것은 없습니다. 다만 전공과목에만 집착하지 말고 능동적으로 폭넓은 공부를 하라고 말합니다. 특히 철학, 역사, 수학, 과학 전반에 더욱 관심의 폭을 넓혀야 진정한 삶의 주인공이 될 수 있다고 강조합니다. 이 책은 교양의 본질적인 의미를 탐구하고, 현대 교육이 나아가야 할 방향에 대한 깊이 있는 성찰을 제공하며, 인문학적 소양의 중요성을 다시 한번 강조합니다.

컴퓨터 공학 박사이자 애플의 교육 담당 부사장으로 장기 근속한 존 카우치의 교육론을 펼친 읽을 만한 책입니다. 처음엔 컴퓨터를 이용한 교육 즉 CAI 관련 최신 테크닉을 소개하려는 책인가 생각했으나 그렇지 않았습니다. 그리고 기업 교육에 국한된 이야기도 아니었습니다. 디지털 네이티브들을 위해 전반적으로 새로운 교육 혁명을 주장하는 책입니다. 우리 세대에게 전기가 자연스러운 생활 환경이듯, 이들 세대에게 현대의 정보 기술은 단순한 도구가 아닙니다. 하지만 현재 교육의 가장 큰 문제는 디지털 이전의 언어로 이들을 가르치려 한다는 점입니다. 이 책은 디지털 시대에 맞춰 교육 패러다임의 근본적인 변화를 촉구하며, 미래 교육의 방향에 대한 심도 있는 통찰을 제공합니다.

5장. 『공부의 미래』 (존 카우치 저)

디지털 시대의 교육 혁명

교육 시스템의 문제점과 능동적 학습 모델로의 전환

 오늘날 중등학교 이후의 교육은 성적 경쟁과 암기와 승패로 가득 찬 이른바 교육 게임입니다. 여기에서 개인들의 특성과 무한한 잠재력은 무시되고 맙니다. 심리학자 존 듀이에 따르면 진정한 학습은 능동적 참여가 필요한 사회적인 상호 작용 과정인데도 말입니다. 카우치는 교육 시스템은 버그투성이지만 단기 해결책인 패치 개발로 해결될 문제는 아니라고 주장합니다. 그렇다고 공공 교육을 폐기하고 사립 학교나 온라인 학교로 교체하기만 한다고 성공할 수 있는 것도 아니라고 말합니다. 결국, 그의 메시지는 교육의 땜질과 단순 교체 대신 교육의 회로를 새로 바꾸고 운영 체제를 업그레이드함으로써 기존의 수동적인 교육 모델에서 능동적인 학습 모델로 탈바꿈시켜야 한다는 것입니다.

능동적 학습 모델의 핵심 키워드

 개인 맞춤 학습 : 그 첫 번째 키워드는 '개인 맞춤' 학습으로 변화해야

한다는 것입니다. 학생 각자가 같은 주제를 다루되 다른 내용을 다른 속도로 공부할 수 있게 해주어야 합니다. 하지만 테일러주의자들은 정규 교육의 목적은 평균 학생을 위한 표준 교육이라고만 생각합니다.

성공 잠재력 : 둘째 키워드는 각자의 '성공 잠재력'입니다. 학습 능력에 관한 선천적 '본성론' 대 후천적 '양육론' 논쟁은 수십 년 동안 교육 이론을 지배해왔습니다. 하지만 현재 가장 유망한 연구 분야 중 하나는 이들의 역동적 상호 작용을 밝혀내는 후성 유전학입니다.

동기 부여 : 세 번째 키워드는 '동기 부여'입니다. 이는 효과적인 학습의 가장 중요한 전제 조건입니다. 이를 통해 아이들이 타고난 재능, 관심사, 열정을 찾아내도록 도와야 합니다. 자기 결정 이론은 동기를 '재미' 같은 내재적 동기와 '성적' 같은 외재적 동기로 구분합니다.

외재적 동기와 내재적 동기

외재적 동기는 단기에 좋으며 우리의 교육 시스템은 이에 초점을 맞춰 설계되었습니다. 반면, 내재적 동기는 장기에 더 낫고 우리의 교육 시스템은 여기에 맞추어 설계되어야 한다는 주장입니다. 그렇다면 이러한 동기 부여에 어떤 점들을 주목해야 할까요? 각자에게 학습 방식에 관한 발언권과 선택권을 부여하는 것이 중요합니다. 어려운 도전 대신 현실성을 강요하는 것은 창의성과 잠재력을 파괴하는 일입니다. 단기적 실패는 혁신을 위해 장려할 만한 일입니다. 그리고 장기 목표를 꾸준히 추구하는 열정적 끈기 정신을 북돋워 주어야 합니다.

학습 공간 유형과 도전 기반 학습

 손 버그의 학습 공간 유형에 관한 이야기도 흥미롭습니다. 먼저 모닥불 형은 화자 중심의 일대다 모델입니다. 그다음 물웅덩이 형은 개인 대 개인 방식의 정보 공유 모델입니다. 세 번째로는 동굴형으로 혼자 시간을 보내며 조사하고 생각하며 글을 쓰고 코딩을 하는 곳입니다. 교육에서는 이런 것들이 모두 고려되어야 합니다. 저자는 여기에 산꼭대기 형 학습 공간을 덧붙였습니다. 결국, 할 수 있는지 없는지 알려면 실제로 올라가 보아야 한다는 것이며, 산을 오른다는 것은 실제로 해보면서 배운다는 뜻입니다. 애플의 경우에는 실수가 장려될 뿐 아니라 요구되기까지 한다고 말합니다.

 결국, 카우치는 이런 교육 철학에 기초하여 자신이 애플에서 추진했던 일명 '도전 기반 학습'을 소개합니다. 프로젝트 기반 학습(PBL)은 학생들이 배정받은 프로젝트를 실행하는 반면, 도전 기반 학습의 경우에는 학생들이 협력하여 도전 과제를 만들며 주인의식, 참여, 동기 부여를 높인다는 것입니다.

21세기 학습 ABC와 교육 비전

또한, 디지털 시대에서 교육의 회로를 바꾸기 위한 세 가지 원칙을 제시했는데, 이를 '21세기 학습 ABC'라고 불렀습니다. 즉, 접근성(Access), 제작(Build), 그리고 코딩(Code)이 그것인데, 기본 소양 교육으로서의 코딩 교육의 중요성을 강조했습니다. 더불어 인공지능, 증강 현실 등의 기술을 이용한 교육 비전도 제시합니다. 이 책은 미래 교육의 청사진을 제시하며, 디지털 시대에 필요한 새로운 학습 방식과 역량의 중요성을 강조하고 있습니다.

18세기 이후부터 대학은 신학, 형이상학 중심의 전통적 교육으로부터 인간의 이성, 합리성에 바탕을 둔 계몽주의로 전환이 되었습니다. 산업화 시대의 교육은 누구에게나 열려 있긴 하지만, 대학의 배타적 입학 제도와 더불어 개인적 경쟁성에 중점을 두어왔습니다. 하지만 저자는 현대의 디지털 생태계에서의 교육은 경쟁 관계가 아닌 상호 작용과 공생 개념을 지향해야 한다고 말합니다. 여기에서 접근성과 연결성이 큰 역할을 하는데, 온라인 교육의 본질은 연결을 통한 맞춤형 교육으로 봅니다. 이 책은 디지털 시대에 접어들면서 교육 시스템이 겪어야 할 근본적인 변화와 새로운 교육 패러다임의 필요성을 역설하고 있습니다.

6장. 『하버드 시대의 종말과 학습 혁명』(오강선 저)

디지털 시대의 교육 패러다임 전환

애리조나 주립대의 '뉴 아메리칸 유니버시티'

미국 애리조나 주립대 마이클 크로 총장은 최근 10여 년간 '신 미국 대학 (The New American University)'이라는 새로운 운동을 벌여 교육계에 큰 논란을 불러일으켰습니다. 이 학교는 접근성에 최우선을 두며 정원을 크게 늘렸는데, 2002년 학생 수가 2만 5천 명이었는데 현재는 8만 3천 명에 이릅니다(입학 허가율 80%). 이 대학에서 접근성을 높이려는 것은 대학 교육이 우수한 학생들을 선발하는 역할보다는 다양한 학생들을 받아들여 이들이 크게 성장하도록 하는 데에 중점을 두어야 한다고 보기 때문입니다. 이 학교에서는 비용 절감과 효율성 제고를 위해 학과 통폐합과 온라인을 통한 맞춤형 교육을 강화했습니다.

인공지능 시대의 인재 양성: 인간과 기계의 연결

이 책에서는 인공지능 시대에 필요한 인재 양성을 촉구하면서, 지금까지의 연결이 인간과 인간관계에 관한 것이었다면, 앞으로는 인간과 기계,

기계와 기계들 사이의 연결 관계로 확장된다는 점을 일깨웁니다. 따라서 인간과 인공지능의 관계는 학문의 핵심으로까지 부상할 것이라고 봅니다.

상아탑의 울타리를 넘어서는 연구

그런데 오늘날 최상의 연구는 상아탑의 울타리 내에서 만들어지지 않습니다. 가장 앞선 인공지능 연구는 실제로 구글 같은 디지털 기업들이 주도하고 있습니다. 이를테면 인공지능학의 선구자인 레이 커즈와일이나 제프리 힌튼 교수는 구글 안에서 엄청난 연구비 지원을 받으며 일하고 있습니다. 오늘날 명문 대학의 탁월한 인재들이 글로벌 선도 기업을 향하는 현상도 이와 무관하지 않습니다. 기존의 수많은 대학은 자금난을 겪고 있으며, 최근 박사학위 취득자들에게는 대학교수의 길이 막혀있어서 사회적 문제가 되고 있기도 합니다.

21세기 교육 패러다임의 변화 방향

그럼 21세기의 교육 패러다임 변화는 어떠할까요? 우선 기술을 발명하는 것보다 기술을 잘 이해하고 이용하는 것이 더 중요하다고 말합니다. 오늘날 생태계의 성장은 개개인들 성장의 합이라기보다는 지수함수적 성장을 유발하는 창발 현상을 통해 나타납니다. 여기에서 각자에게는 생태계의 적응력이 매우 중요해집니다. 생태계의 가치 창출을 위해서는 네트워크에서 노드 수 증가처럼 학생 수도 늘어나야 한다고 봅니다. 또 소유와 이익 기반 모델로부터 가치 중심 모델로 패러다임 전환을 해야 하는데, 교수들은 경쟁 모델 승자의 저주에 빠져있다는 지적도 합니다. 즉 권위 의식과 갑질 마인드로 새로운 변화를 수용하지 못한다는 것입니다.

21세기 인재의 핵심 요소: 소프트파워

학생들에게는 어떤 능력을 키워주어야 할까요? 여러 학문의 통합 능력과 함께 평생 공부하는 정신을 양성해야 한다고 말합니다. 이러한 비 지식적 역량을 소프트파워라고 하는데, 지식의 생산과 전달에 해당하는 하드파워와 구별하면서 이를 21세기 인재의 핵심 요소로 보았습니다. 디지털 시대 교육은 스스로 몰입하며 배우는 것을 가르쳐야 한다는 것입니다. 이는 곧 스스로 가르치는 것을 의미하며, 여기에는 열정과 '그릿(grit)'이라고 말하는 '불굴의 의지'도 필요하다고 합니다. 급변하는 시대에는 실패할 확률도 그만큼 높지만, 수많은 실패에도 굴하지 않는 튼튼한 멘탈이 바로 핵심 소프트파워인 셈입니다. 저는 이런 내용들이 숱한 시험 경쟁에 과몰입 되곤 하는 이 땅의 학생이나 학부모들에게 매우 소중한 메시지라고 봅니다.

제가 『스님의 논문법』, 『스님의 공부법』을 통해 그 저자인 자현 스님에게 반한 것은 이분의 글 속에 나타나는 자유분방함 때문입니다. 제가 보기엔 불교라는 종교를 넘어서 있는 듯하고 어디에도 구속됨이 없어 보입니다. 이를테면, 참선을 장려하기는커녕 90%의 명상 수련은 부작용만 낳는다고 경고도 합니다. 명상에 있어서 가장 중요한 것은 잡념의 통제인데, 가장 먼저 잡념의 존재를 인정해 버리고 차라리 그 잡념의 주제를 계속 붙잡고 가는 것이 낫다고 말합니다. 우리 범인은 '나에 대한 나의 투쟁' 구조가 되지 않도록 유의해야 한다는 것입니다.

공부에 대해서도 선천적인 요소가 후천적 노력보다 압도적으로 크다고 단언합니다. 단신의 아시아 육상 선수가 아무리 노력해도 단거리에서 우사인 볼트를 따라잡을 수는 없는 노릇입니다. 또 다이어트를 열심히 하는 사람보다는 먹어도 안 찌는 체질을 타고난 사람이 갑이라는 것입니다. 바둑이 불리하여 역전 불가이면 어차피 진 게임이니 중도에 판을 뒤집는 용기도 필요하다고 합니다. 욕을 먹을 수 있겠지만 속병은 안 생긴다는 것입니다. 이 책은 스님의 자유로운 시각으로 공부의 본질을 탐구하며, 독자들이 자신만의 공부법을 찾아 나설 수 있도록 격려합니다.

7장. 『스님의 공부법』 (자현 저)

자유분방함 속 공부의 지혜

지식 유목민 시대와 동양적 공부법의 부활

　대학원에서 누구의 지도 제자라는 것에 이제 더 의미를 두면 안 된다고 말합니다. 현대의 우리는 인터넷을 통해 많은 사람과 교류하며 온갖 정보와 지식을 습득할 수 있으며, 지식에 있어서 철저하게 유목민인 셈입니다. 지식 전체를 암기할 필요성은 사라졌으며, 지금은 미네르바처럼 관련된 최신 자료를 빨리 찾아서 유용한 결과를 도출해낼 수 있는 사람이 바로 제대로 된 전공자라고 말합니다. 더불어 공부에는 스트레스가 약이 되므로 이를 즐기는 방법을 터득하라고도 조언합니다.

　요즈음 학교에서는 공부하는 방식이 서구적이며 세부 전공을 자꾸 분석적으로 파고드는 측면이 있습니다. 하지만 동양의 전통적인 공부법은 관련 분야를 총체적으로 파악하는 번뜩이는 통찰력을 중시했습니다. 또한, 현대는 점차 전공 영역이 파괴되는 등 융, 복합의 시대이자 학제적 연구가 권장되고 있는 시대로 나아가고 있습니다. 따라서 이제 동양적 공부법이 부활할 것으로 예측합니다. 사실 우리가 인위적으로 구분할 뿐이지 원래 학문에는 분절된 전공 영역이란 존재하지 않는 것입니다.

도(道)와 현실의 균형

 자현 스님은 도에 대해서도 매우 현실적입니다. 도가 돈보다 우월한 가치라면, 도가 있는 사람이 원한다면 돈도 가질 수 있어야 하는 것이 아닌가 하고 반문합니다. 이는 도를 얻은 사람이 물질을 초월하고 가난을 선택할 수는 있어도, 지나친 결핍 구조가 존재해서는 안 된다는 시각입니다. 즉, 공부에 있어서 어깨에 힘을 빼라는 것이며, 정신주의에 치우친 무책임한 사회적 방임은 결국 도를 가장한 무능으로 가족에게 극심한 고통만 줄 수 있다는 것입니다. 붓다도 불교를 믿으면 사후는 뒷일이고 이 삶에서도 잘살게 된다는 점을 강조했습니다. 이 책은 전통적인 공부법의 한계를 지적하고, 변화하는 시대에 맞는 유연하고 균형 잡힌 공부의 태도를 제시하며, 삶의 지혜를 얻는 데 새로운 영감을 제공합니다.

공부, 교육, 학문을 주제로 최재천 교수와의 인터뷰를 엮어낸 책입니다. 이분은 원래 소탈하고 솔직한 스타일의 학자이다 보니, 이 책에서도 여러 가지 주제들에 대해 거침없는 의견과 생생한 체험담들을 아낌없이 쏟아냈습니다. 어떤 특정 주제를 줄곧 깊이 있게 끌고 간 것이 아니라 다양한 주제들을 넘나들다 보니, 이 책을 정리하고 요약하는 것은 좀 어색하고 무리가 있어 보이긴 합니다. 하지만 한 걸출한 생태학자/동물학자의 발자취가 생생하게 드러나는 참 재미있고 교훈적이며 유익한 책입니다. 이 책은 독서와 글쓰기, 그리고 폭넓은 학습 경험의 중요성을 강조하며, 독자들이 자신만의 공부법을 찾아 나설 수 있도록 돕습니다.

# 8장. 『최재천의 공부』 (최재천 저)

독서, 글쓰기, 그리고 학습 경험의 중요성

독서와 글쓰기의 중요성

 이분의 독특한 이야기 중 하나로 독서는 일이어야 하며, 빡세게 해야 하는 것이라는 주장이 있습니다. 독서를 지식의 영토를 넓히는 목적이 아니라 그저 읽는 재미 즉 취미로 하는 것은 눈만 나빠지게 할 뿐 말도 안 된다고 말합니다. 3차원을 보게끔 진화한 인간의 눈을 생각하면, 책은 평면에 글자를 새긴 2차원적 대상으로 인류의 발명품 중 최악의 발명품이라고 전제합니다. 하지만 모든 것이 연결되는 학문의 세계 관점에서 우리는 치밀하게 기획해서 책을 공략해야 한다는 것입니다. 특히 리더는 말을 잘해야 하는데, 토론을 잘하려면 말에 조리가 있어야 하고 논리적 사고가 필요합니다. 이를 위해서는 글쓰기 훈련이 필수적인데, 글을 잘 쓰려면 일단 책 읽기가 무척 중요하다고 말합니다. 평소에 많이 읽고 많이 관찰해야 한다는 것입니다.

하버드와 서울대 학생들의 학습 능력 비교

최 교수가 하버드대에서 생태학을 가르쳤을 때, 2차 방정식도 잘 모르는 학생들 대상으로 미적분이 들어가는 숙제를 2주 기한으로 낸 적이 있었다고 합니다. 수강생 80명 모두가 숙제를 제출해서 놀랐는데, 한 학생에게 물어보았더니 도서관에서 미적분 책을 읽어가며 풀었다고 합니다. 그 이후 서울대 교수 시절 문과 학생들에게도 그 문제를 그대로 내주고 3주 기한을 주며 미적분 책을 펴놓고 풀어보라고 했던 적이 있었는데, 그 결과는? 한 명도 풀지 못했다고 합니다. 스스로 미적분학책을 읽을 능력이 안 되었던 것입니다. 이는 단순히 지식의 습득을 넘어, 스스로 학습하고 문제를 해결하는 능력의 중요성을 강조하는 사례입니다.

인생 이모작과 저자의 영향

 필자가 이분의 책을 처음 만난 것은 오래전 '당신의 인생을 이모작하라'는 책을 통해서였던 것으로 기억을 합니다. 얇지만 독특하고 강력한 메시지가 담겨 있었습니다. 필자도 그 책에서 영향을 받았던 탓인지, 그 이후 인생 이모작 결단을 망설이지 않았던 것 같습니다. 저는 이 책이 독자들에게 끊임없이 배우고 성장하는 삶의 태도를 제시하며, 새로운 도전에 대한 용기를 불어넣어 줄 것으로 믿습니다.

　영재와 천재의 차이는 무엇일까요? 예일대 음대 교수인 이 책의 저자는 말합니다. 천재는 영재처럼 무엇을 잘하는 재능과는 다른 개념이며, 독창성과 더불어 세상을 바꾸는 사람을 일컫습니다. 말하자면 게임을 잘하는 차원이 아니라 게임을 창조한다는 것입니다. 이 책은 천재성의 본질을 탐구하고, 우리가 일상생활에서 창의적인 습관을 통해 천재성을 발현하는 방법을 제시합니다.

9장. 『히든 해빗』 (크레이그 라이트 저):

천재성의 비밀과 창의적 습관

천재성의 기원과 특성

천재성이 신성과 결별하며 개인이 외로이 짊어지는 구엇이 된 것은 18세기 계몽주의 시대부터였다고 합니다. 그다음 19세기 낭만주의 감수성을 만나면서 천재는 이제 기괴한 모습으로 표현되기 시작했습니다. 그렇다면 레오나르도나 모차르트 같은 천재들은 어떤 공통특성을 지니고 있을까요? 저자는 천부적 재능, 순진무구한 상상력, 다양한 방면의 호기심, 인생과 예술에 대한 이판사판의 올인 접근법 등을 꼽습니다. 우리는 흔히 지능 지수나 명문대 교육 등을 과대평가하는 경향이 있습니다. 저자는 말합니다. 뛰어난 통찰력을 가지기 위한 비결은 창의적인 이완에 몰두하는 것이라고. 그러면서 산책, 샤워, 펜과 종이를 침대맡에 두고 잠 푹 자기 등을 권유합니다.

천재성의 비 유전성과 대기만성형 천재

천재성은 유전이 되는 것일까요? 아닙니다. 재능은 유전될 수도 있지만,

천재성은 비범한 부모로부터 오는 것이 아닌 일회성 현상이라는 것입니다. IQ나 학교 성적이 높다고 천재일까요? 그렇지 않습니다. 이런 것들은 창의성, 리더십, 사회적/정서적 지능은 거의 반영하지 않습니다.

그런데 아인슈타인을 비롯한 천재 대부분은 사실은 대기만성형이라고 말합니다. 하지만 영재가 성장해서 천재가 되는 것은 결코 아니라고 합니다. 가장 창의적인 작가와 예술가, 즉 규칙에 얽매이지 않는 분야에 속한 사람들만 대기만성형 천재의 범주에 속할 수 있다고 합니다.

호기심과 자기 교육의 중요성

아인슈타인도 말했듯이 진리와 미를 창조하는 것은 우리가 평생 어린아이로 남아있어도 된다고 허용받은 일종의 창의성 영역입니다. 오펜하이머는 아인슈타인을 두고 어린아이 같으면서도 어떤 완강한(?) 순수성이 깃들어 있었다고 표현하기도 했습니다.

아마존 창업자 제프 베조스는 말했습니다. 자기 전문성에 발목 잡히지 않기 위해서라도 어린아이 같은 능력이 반드시 있어야 한다고 말입니다. '이렇게 한번 해보면 어떨까?' 하는 어린아이 같은 호기심과 상상력이 바로 우리가 인간일 수 있도록 만들어주는 중요한 요소 중 하나라는 것입니다. 천재들이 만들어지는 가장 중요한 요인으로는 역시 세상을 향한 강렬한 호기심이 꼽힙니다. 그들은 직접 체험이든 왕성한 독서를 통해 집요한 자기 교육을 이어나갑니다. 실제 최근 연구에서는 호기심이 행복, 인간관계, 개인적 성장, 삶의 의미, 늘어나는 창의성과 연결됨을 보여줍니다.

천재들은 집착적이고 자기중심적인 괴짜 경향이 있는 것은 사실입니다. 따라서 천재는 죽고 나서야 사람들에게 사랑을 받습니다. 그로 인해 세상이 한결 나아졌기 때문입니다. 천재는 일찍 죽을까요? 통계적으로 이 명제는 거짓인데, 끈질긴 열정과 집착은 오히려 그들의 수명을 길게 늘여준다고 합니다. 이 책은 천재성이 타고난 것이 아니라, 후천적인 노력과 습관, 그리고 끊임없는 호기심을 통해 발현될 수 있음을 강조하며, 독자들이 자신 안에 숨겨진 잠재력을 발견하고 개발할 수 있도록 격려합니다.

이 책은 저의 대학 동기 친구이자 저명한 위상수학자인 송용진 교수의 세 번째 책으로 기억이 됩니다. 주로 대한민국 수학영재들에 관한 매우 흥미로운 교육 이야기입니다. 송 교수는 20여 년간 KMO/IMO(한국수학올림피아드/국제수학올림피아드) 관련 일을 하면서 국가대표급 수학 인재들을 지도하고 그들과 교류하며 얻은 깊이 있는 통찰을 이 책에서 공유합니다. 이 책은 수학영재들의 특성과 그들을 교육하는데 필요한 지혜를 실제 사례를 통해 생생하게 전달합니다.

10장. 『수학영재의 비결』 (송용진 저)

수학 영재교육의 지혜

공교육과 사교육의 역할 및 균형의 중요성

송 교수는 대학교수로서 공교육 분야에서 활동하지만, 현실적으로 조기 교육이나 사교육의 역할을 전면 부정하지는 않습니다. 다만, 교육 과정에서 무리해서는 안 되며, 수학적 지식 습득만이 전부가 아니라는 점을 강조합니다. 특히 영재들에게는 지적 성장 시기에 맞는 정서 발달이나 예술, 인문학적 소양 등 균형 잡힌 성장이 매우 중요하다고 역설합니다.

겸손함과 부모의 역할

국제수학올림피아드 대표급 학생들을 만나보면 의외로 그들은 놀랍게도 매우 겸손하다는 공통점을 가지고 있다고 합니다. 자신의 탁월함에 도취한 교만한 괴짜들을 연상하기 쉽지만, 실상 그들이 넓은 세상에 나와보면 자기보다 뛰어난 천재들이 많다는 자각을 얻기 때문이라고 설명합니다. 이런 탁월한 영재들의 부모에 대한 공통점도 있는데, 그들은 우선 차분하고 침착하며, 조기 교육이나 경쟁에 조급해하지 않고 정서적 성장도 중시하면서 아이를 기다려줄 줄 아는 성품의 소유자들이라는 것입니다. 이러한 성품은 아이에게도 은연중에 전달되기 마련입니다.

수학영재들의 성장 스토리와 수학자의 길

이 책에서는 많은 수학 K-영재들의 스토리가 매우 풍부하게 등장합니다. 다만 모두 영문 이니셜로 처리되어 실제 누가 누구인지를 판가름하기는 쉽지 않습니다. 송 교수는 자신의 주변 수학자들 중에서도 수학자라는 직업에 큰 자부심과 더불어 그 활동에 행복해하는 몇 안 되는 인물 중 한 명이라고 합니다. 하지만 많은 탁월한 수학영재들이 그 소중한 재능을 살리지 못하고 수학자의 길에서 중도 이탈하는 안타까운 경우들도 접한다고 합니다. 송 교수는 이들 중 일부를 면담과 설득을 통해 다시 수학자의 길로 이끄는 경우도 꽤 있는 모양입니다. 수학이 실상 매우 어렵고 자신보다 성과를 내는 천재들의 눈부신 활동을 보면 주눅이 들기 쉬운 특성은 있지만, 필즈상 욕심이나 강박증 같은 것만 내려놓는다면 편안한 마음으로 자기 분야를 즐겁게 연구하고 보람 있게 활동할 수 있는 좋은 직업이라는 표현도 덧붙입니다.

연령별 영재교육법

이 책은 방대한 에피소드와 지혜를 담고 있어 전체적 요약정리는 어려지만, 학부모들이 관심이 많을 연령별 영재 교육법 내용을 간략히 소개합니다. 저자는 아이들의 지적 성장 단계를 유아 단계, 초등 저학년, 초등 고학년, 중고등 단계 등 총 네 가지로 구분하여 설명했습니다.

7세 이전 유아 단계 : 이 시기의 영재 양육 전략으로는 책 읽기 습관과 질의응답, 겸손한 마음 배양, 운동, 그리고 영어 공부를 꼽았습니다. 특히 이 시기에 학습지 교육을 권유하는데, 단순 반복도 학습 효과를 지니며, 유아 수학 학습지는 그동안 만나본 수학영재들의 공통점이었다고 말합니다.

초등 저학년 단계 : 이 시기에는 부모에게 반항도 하고 기행을 보이기도 하지만, 과도한 질책은 좋지 않다고 합니다. 지능 검사를 통해 아이의 심리와 행동 동기를 잘 살피고, 다방면의 관심과 더불어 정서적 안정을 도모하는 것이 중요하다고 강조합니다. 독서와 체험 학습도 도움이 된다고 합니다.

초등 고학년 단계 (10세 이후): 아이들은 이 시기에 심리적 안정을 찾는 편이며, 영재들은 이때 가장 괄목할 만한 발전을 이룬다고 합니다. 따라서 이 시기부터는 선행 학습과 사교육이 중요한 역할을 할 수 있습니다. 잘하는 아이들이 모이는 대학 부설 영재 교육원도 도움이 되며, 이때부터 영재고/과학고 입시 준비를 시작하는 경우가 많다고 설명합니다.

중고등 단계 (15세 이후): 이 시기에는 사춘기의 몸살과 함께 공부에 지치고 학습 에너지가 고갈되는 경우가 늘어납니다. 또한, 과학 영재 학교나 수학 올림피아드 같은 경시대회에 도전하다 보면 자기보다 탁월한 친구들을 만나게 되면서 기가 꺾이고 좌절하기도 합니다. 하지만 그럴수록 가족의 관심과 격려가 필요하다고 말합니다.

영재교육에 관한 견해들은 이견과 비난에 부딪힐 가능성은 다분하지만, 이 책을 통해 자신의 소신을 과감히 전개한 송 교수에게 박수를 보냅니다. 자녀를 대한민국 영재로 잘 키우고 싶고 특히 수학영재를 거쳐 수학자의 길까지 생각하는 경우라면, 경륜과 지혜가 넘치는 이 책은 실로 멋진 가이드가 될 수 있을 것으로 보입니다.

　이 책은 저명한 젊은 수리생물학자인 카이스트 김재경 교수의 신선한 수학 교양서입니다. 작고 예쁜 책이지만 결코 이해하기 만만한 종류의 책은 아닙니다. 저는 평소 페이스북 친구로서 교수나 연구자로서 이분의 제자 양성과 부지런한 활동을 눈여겨보며 그 활약상과 에너지에 늘 감탄해 마지않았습니다. 하지만 이는 피상적인 관찰에 불과했습니다. 이제 이 책을 통해 이분이 어떤 생물 수학을 하고, 수리 모델과 미분방정식이 어떻게 의과학에 사용되어 세상에 실제적 변화를 일으키는지 그 탐구 과정을 들여다보게 되면서 놀라움이 더 커졌습니다. 이 책은 수학이 생명 현상과 의과학에 어떻게 적용되어 새로운 발견을 끌어내는지 흥미롭게 보여주며, 학문 간 융합의 중요성을 강조합니다.

11장. 『수리생물학자가 들려주는 이야기』 (김재경 저)

수리 모델과 의과학의 만남

수리 모델링을 통한 생체시계 연구

 사실 이 책에는 용감하게도 많은 수식이 들어가 있으며, 몇 가지 미분방정식을 제외하면 수학 전공자인 저로서도 수식들의 의미까지 따라가며 이해하기는 어려운 점이 있습니다. 하지만 전체적으로 한 생물 수학자의 독특한 연구 자취와 활동을 너무도 생생하게 조명하고 있어, 수학에 관심이 있는 많은 독자는 이 책에 열광하지 않을 수 없을 것이라는 예측을 하게 됩니다.

 전문적 내용이라 좀 어렵긴 하지만, 이 책에서는 생체시계가 활용하는 피리어드 단백질이 전사인자인 클록 단백질과의 결합을 통해 만들어지며, 이는 미분방정식으로 표현되고 설명된다는 내용이 나옵니다. 김재경 교수는 이러한 생체시계 분야의 수리적 연구에 큰 공을 세운 수학자입니다. 특히 피리어드 단백질의 인산화 스위치가 생체시계 부분의 최대 난제 중 하나였던 온도보상 메커니즘임을 밝혀낸 것입니다. 김 교수가 이쪽 분야 연구에 뛰어들게 된 계기는 놀랍게도 방학 기간의 경제적 생활고 탓이었다고 합니다. 이 체험을 통해 그는 대학원에 진학하고 나면 연구 분야 목표를 미리 너무 명확히 세우지 않아도 된다고 말합니다.

수학자의 연구 방식과 융합 연구자의 자질

저는 이 책을 통해 수학자들이 실제 어떤 방식으로 연구하고 일하는지를 흥미롭게 확인할 수 있었습니다. 탁월한 수학자들은 골방에서 혼자 연구 성과를 내는 것이 아니라, 관련 분야 학자들 간의 대화와 교류를 통해 꽃이 핀다는 것을 확인할 수 있었습니다. 저자는 특히 융합 연구자로 성공할 수 있는 두 가지 자질을 다음과 같이 꼽았습니다. 첫째 특성은 대화를 유쾌하게 이어가는 자질이고, 둘째 특성은 자신이 아는 것을 상대방 관점에 맞추어 잘 설명하는 자질이라는 것입니다. 이 책은 수리생물학이라는 새로운 학문 분야를 친절히 소개하면서, 미래 사회에서 학문 간 융합 연구의 중요성과 그 가능성을 제시합니다.

제6부. 삶의 의미

이 혼란스러운 시대에 우리는 어떻게 존엄하게 살 수 있을까요? 독일의 저명한 뇌 과학자인 게랄트 휘터의 이 책은 저자의 전문 분야인 생물학과 심리학 관점에서 접근한 다소 이색적인 철학서로 볼 수도 있을 듯합니다. 결국, 인간의 존엄성과 자연 생태계의 회복이 이 책의 주제인 셈인데, 얼핏 생각하면 지루하고 식상한 주제로 보일 수도 있습니다. 하지만 이 책의 진정한 가치는 책 중간 부분부터 나타납니다. 이 책은 뇌 과학이라는 과학적 접근을 통해 인간 존엄성의 본질을 탐구하며, 독자들이 삶의 의미를 깊이 성찰할 수 있도록 돕습니다.

1장. 『존엄하게 산다는 것』 (게랄트 휘트 저):

뇌 과학으로 본 인간의 존엄성과 자아상

뇌의 에너지 효율화와 자아상 형성

일단 생명 현상을 열역학 제2 법칙으로부터 설명합니다. 즉, 엔트로피를 낮추어야 자기 조직화를 위한 에너지 공급을 받을 수 있을 텐데, 에너지는 한계가 있는 것이어서 각 생명체는 최적화 구조를 지향하게 된다는 것입니다. 우리 뇌는 아무런 생각조차 하지 않는 휴면 상태에서도 가용 에너지의 20%를 사용하는데, 어떤 갈등 상황에 놓이거나 무언가를 새로 배우는 것만으로도 감정 변화와 함께 에너지 소비량은 급격하게 치솟는다고 합니다. 이때 뇌가 지향하는 것은 에너지의 효율화를 위한 단순화 메커니즘입니다. 우리 뇌는 우리 몸의 단일한 행동과 반응을 효율적으로 컨트롤하기 위해 상위 계층의 패턴을 형성하면서 그 프로세스를 자동화시킨다는 것입니다. 우리가 사고방식이나 태도라고 일컫는 것은 우리 뇌에 뿌리내린 일관성 있는 상위 행동 패턴에 따라 만들어지는 것입니다. 그런데 이는 주로 유년기에 강력하게 형성되며 이를 '자아상'이라고 표현합니다.

인간 뇌의 가소성과 유년기 학습의 중요성

 인간의 뇌는 가소성이 뛰어나며 일반 동물들과는 달리 매우 개방적인 성향을 지닌다고 합니다. 변화하는 환경에 따라 순발력 있게 대응하는 것이야말로 매우 효과적인 생존 방법이 되기 때문입니다. 망아지 같은 동물들은 태어나자마자 네 다리로 버티고 일어나며 어미 젖을 찾아가 젖을 빨기 시작하는데, 이는 누가 가르쳐준 것이 아닙니다. 자기 공명 영상 장치로 분석해보면, 뇌의 타고난 특정 영역이 활성화되는데, 그 임펄스가 자동적인 동기화 시스템으로 작동한다고 합니다.

 반면, 우리 인간에게는 이런 선천적인 추진 시스템으로서의 신경망이 없습니다. 따라서 생존하기 위해서는 다른 인간의 도움과 함께 스스로 시행 착오하는 학습이 필수적이며, 어린 시절의 감정들은 이후 내면의 추진 시스템 기초로 자리 잡습니다. 특정한 방향성을 가리키는 뇌의 연결 패턴은 반복적으로 활성화되면서 뿌리를 내리게 되는데, 이는 태어난 직후부터가 아니라 뇌가 형성되는 과정인 어머니의 자궁에서부터 이루어지는 일이라고 합니다.

소속감, 자율성, 그리고 자기 존엄성 회복

 아이들은 가족처럼 타자와의 관계에서 형성되는 소속감에서 출발하며, 개인으로 성장하고 발전하는 과정에서의 새로운 만남과 경험을 통해, 스스로 자율성을 가진 주체임을 깨닫고 자의식도 가지게 됩니다. 하지만 아이들은 학교 교육을 통해 자신이 목적이라기보다는 평가의 대상, 경쟁 도구라는 점을 점차 깨닫게 됩니다. 그러다 보면 많은 경우 자신은 무능력하며 재능이 없고 참을 수 없는 존재라고 스스로 비하하기도 합니다. 저자는 결국 자기 존엄성을 회복하는 것이 자유와 자립을 위한 첫걸음이라고 말합니다. 자기 존엄성을 가진 사람들은 스스로 신뢰할 만한 내면의 나침반, 면역 체계 같은 것을 가지고 있어서, 존엄성이 결여된 무례한 타인의 행동에 대해서도 상처받지 않습니다. 존엄성을 가진 자아상은 주의 깊고 신중하다는 특성을 가지는데, 이는 누군가 지식으로 가르칠 수 있는 것은 아니라고 말합니다. 다른 사람과의 유익한 경험을 통해 스스로 형성해나가야 하는 것이기 때문입니다. 학교가 바뀌어야 하는 이유가 여기에 있다고 합니다. 이 책은 뇌 과학적 관점에서 인간의 존엄성을 탐구하며, 자아상 형성과 회복을 통해 진정한 자유와 자립을 얻을 수 있음을 제시합니다.

지혜롭고도 양지처럼 따스한 책입니다. 인생의 의미를 묻는 것이 원래 철학의 출발점인데, 이에 대해 저자는 이렇게 답합니다. 삶의 바깥세상이 던져주는 형이상학적 의미가 아니라 삶 안에서 경험적인 내면의 의미를 찾으라고 말합니다. 근대 이전의 세상은 막스 베버가 말했듯이 '마법'에 걸려있었습니다. 신과 영혼의 존재가 믿음의 문제를 넘어 의심 불가능한 확신이었던 것입니다. 온 우주는 신의 목적과 계획에 따르는 의미 있는 단일체였으며, 이를 대신할 세계관은 아예 없었습니다. 이 책은 삶의 의미를 찾아 헤매는 현대인들에게 실용적이면서도 깊이 있는 철학적 지혜를 제공합니다.

2장. 『무의미한 날들을 위한 철학』 (프랑크 마르텔라 저)

삶의 의미와 행복을 찾는 네 가지 지혜

합리적 과학의 등장과 의미의 위기

하지만 17세기 무렵부터 합리적 과학을 근거로 한 세계관이 형성되기 시작했습니다. 이 새로운 세계관은 자연계와 초 자연계를 갈라놓았으며, 그다음에는 초 자연계를 가장자리로 밀어내면서 우주를 그저 무의미한 기계로 바꾸기 시작했습니다. 사실 초기의 과학 탐구는 신의 질서를 찬미하며 신의 언어를 해독하여 우주 이면에 있는 천상의 지적 계획들을 더 잘 알기 위함이었습니다. 하지만 점점 더 많은 사상가는 세계관의 다양한 요소들이 신에게서 독립해 홀로 설 수 있다는 점을 이해하기 시작했습니다. 결국, 신앙은 점점 사적인 일이 되었습니다.

한때 독일의 낭만주의는 합리화되고 탈 마법화 되어가는 세계관에 대한 반발로 인간의 감정에 적극 의미를 부여하면서 이를 거의 종교의 반열에 올려놓았습니다. 이들은 신의 자리를 '심장'으로 대체하며 사회적 규범, 부모의 기대 등의 제약을 과감히 무시하며 사랑에 대한 비현실적 기대를 조장하기도 했습니다. 하지만 그다음엔 과학의 발전과 더불어 삶의 의미에 대한 실존적 위기에 봉착합니다. 대체로 사람들은 인생의 목적과 의미를 열망하지만, 그런 건 존재하지 않을지 모른다는 개연성 높은 사실에 이젠 거의 체념 상태에 빠지게 되었습니다.

인생 '안에서의' 의미를 찾는 네 가지 지혜

하지만 저자는 인생의 의미와 인생 '안에서의' 의미의 차이를 이해하는 것이 필요하다고 말합니다. 전자는 어떤 위로부터의 권위가 인간의 삶에 의미를 제시하는 것입니다. 반면 후자는 훨씬 개인적인 차원입니다. 나의 인생이 의미 있다는 기분이 들게 만드는 경험적인 것과 관련이 있는 것입니다. 결국, 인생 안에서의 의미가 있는 삶을 회복하는 데 명심해야 할 네 가지 지혜가 제시됩니다.

관계 맺음: 자신의 인생이 우리와 관계를 맺는 다른 사람에게 의미 있다고 느낄 때 우리는 자신의 인생에 가치를 느낍니다. 그저 존재하는 것만으로도 서로에게 고유하고 대체 불가능한 역할이 되곤 합니다. 인생의 중심을 내가 아니고 우리로 삼는 것은 인간의 본성이며, 관계 맺음은 우리에게 의미의 핵심 원천입니다.

타인에 대한 선의: 규칙적인 자원봉사의 경우처럼 사회적 지원을 주는 쪽은 그 지원을 받는 쪽보다도 장수에 도움이 된다는 연구들도 있습니다. 배우자가 떠나가는 과정을 지켜보는 경우도 그 스트레스와 슬픔이 분명

큰 부담인 것은 맞지만, 적극적인 돌봄 행위는 자신의 장수에 긍정적인 영향을 준다고 합니다.

스스로 결정하는 자율성: 최근 자기 결정 이론에서도 나타나듯이 자율성은 인간의 기본적인 욕구라는 점도 주목할 만합니다. 인간은 스스로 진정성에 따라 인생을 살아갈 수 있을 때 고유한 가치와 삶의 충족감을 느낀다고 합니다. 인간성이 최대로 표현된다면 사람은 흐기심과 생기와 자기 동기를 가진 존재임이 확인된다는 것입니다.

유능감의 추구: 고대 그리스인에게 탁월함은 곧 미덕이었습니다. 사람들은 뭐든지 능력이 탁월할 때 의미와 즐거움을 느낍니다. 심리학자 미하이 칙센트하이는 이는 깊은 몰입을 통해 이루어지며, 이런 상태에서 완벽한 에너지로 과제에 집중하게 되면서 자신이 가장 살아있다는 기분을 느낀다고 말합니다. 자아실현감은 자율성과 유능감의 동시 충족에서 나온다고 설명합니다.

삶의 의미와 프로젝트식 접근법 비판

저자는 자신을 만나는 사람들이 자신이 철학자임을 알고는 인생의 의미가 뭐냐고 묻는 경우가 많다고 합니다. 그는 이 질문에 대해 요즈음에 와서는 자신이 다른 사람들에게 의미가 되도록(사회적 충족) 자기 자신에게 의미 있는 일을 하는 것(개인적인 충족)이라는 답을 내놓는다고 말합니다. 저자는 오늘날 광적인 성취 문화를 보면서 인생이 도구화되는 프로젝트식 접근법의 문제점을 제기합니다. 그러면서 우리는 피할 수 없는 죽음에 집착하기보다 현재 유효한 아름다움이 무엇인지에 집중해야 한다는 것입니다. 음악이 연주되는 것의 의미는 그 끝에 도달하기 위한 것이 아닙니다. 그동안 노래를 하거나 춤을 추었어야 합니다. 어느 날 음악은 끝나있을 것이라고 말합니다. 이 책은 삶의 의미를 외부에서 찾으려 하기보다, 우리 자신과 주변 사람들과의 관계 속에서 발견하는 내면의 지혜를 강조합니다.

'도가도 비상도, 명가명 비상명'으로 시작되는 노자의 도덕경을 가지고 이만큼 이야기를 풀어나갈 수 있는 동양 철학자 도올 김용옥 교수의 내공에 대해 다시금 경탄을 금하기 어렵습니다. 우선 언어를 통해 우리의 복잡한 감정이 언어로 단순하게 개념화되는 현상을 지적합니다. 즉 언어를 통해 복잡계가 단순계로 이동한다는 것입니다. 이 책은 노자의 도 사상을 서구 철학과 대조하며, 동서양 사유의 차이를 통해 세상을 이해하는 깊이 있는 통찰을 제공합니다.

3장. 『노자가 옳았다』 (김용옥 저)

도 사상과 서구 철학의 대조

동양과 서양 철학의 대조: 변화와 불변

그는 동양 노자의 도 사상을 서구 플라톤의 이데아 사상과 대조시켰습니다. 전자는 변화를 읽고 수용하는 입장이라면, 후자는 불변적 관념을 좇는 입장이라는 것입니다. 파르메니데스도 사도 바울도 시간을 부정하며 개념화된 언어의 세계를 존중했습니다. 기실 그 언어의 표준이 논리와 수학이었지만, 동양 철학에서는 이를 연역적 폭력 차원으로 간주했습니다.

도의 본질과 인간 존재

도란 과학적 법칙보다도 우리의 삶의 길에 초점을 맞춥니다. 그 출발점은 서구 같은 초시간적 존재론이 아니라 시간 내적인 가치론과 실천론, 즉 도덕적 당위론이라는 것입니다. 도덕경 첫 구절에서는 도나 이름의 항상성을 부각시키는데, 여기서 항상성이란 불변성이 아니라 '변화의 항상성'이라는 주장입니다. 사실인지 모르겠으나 중국의 세계관에는 불변성

(changeless)이란 없다고 단언합니다. 결국, 서구가 진짜라고 믿은 관념적 실재는 우리 동방인에게는 가짜이며, 우리가 산은 산이라고 긍정한 실재는 서방인에게는 가짜로 인식된 것이라고 설명합니다.

  대승 불교에서도 생멸문에서 빠져나와 불생불멸의 진여문으로 들어가는 것이 아니라, 진여문이 생멸문으로 융합되어야 원효가 갈한 진정한 '일심'이 이루어진다고도 말합니다. '총욕약경'으로 시작되는 도덕경 13장에서의 몸 철학도 흥미롭습니다. 성인은 자기 몸을 장악한 자라고 합니다. 노자는 불교나 장자와는 달리 인간 존재를 '심적 존재'가 아닌 '몸의 존재'로 본 셈입니다. 결국, 허세를 배격하는 진정성 있는 삶의 자세를 일깨우려는 것이 아닐까 생각하게 됩니다. 도올의 정치적 성향 표출에 대한 호불호를 떠나 이런 류의 책은 대충 읽고 그냥 덮어 버릴 책은 아닌 듯합니다. 이 책은 노자 철학의 깊이를 현대적 관점에서 재해석하며, 동서양 사유의 차이를 통해 삶의 본질과 세상의 변화를 이해하는 새로운 시각을 제시합니다.

　이 책은 같은 피트니스 회원으로 만나 친해지게 된 한 병원 원장님으로부터 선물로 받은 것입니다. 사실 저는 평소 누구에게 선물로 받은 책은 책꽂이에 꽂아둔 채 금방은 잘 읽지 않는 편입니다. 반면 제가 서점에서 선택하여 산 책은 그 시점에 그 주제에 관한 지적 갈증이 있기 때문인지, 집으로 돌아오면 대개 며칠 내에는 그 책을 다 읽곤 합니다. 그런데 이 책은 더구나 기독교 신앙에 관한 종교 서적입니다. 착실한 크리스천이라 말하기 어려운 저로서는 부담스러운 면도 있고, 일부 내용에 관해서는 거부감이 생길 수도 있는 그런 책이기도 합니다. 그렇지만 저의 교만을 떨구어내며 이 명저를 통해 기독교를 재조명해보고 기독교 신앙에 대한 이해의 깊이를 더해보고 싶다는 생각을 하게 되었습니다. 이 책은 전체적으로 다분히 철학적, 신학적 접근 방식을 취하고 있으며, 숱한 의문이 던져져 온 기독교 교리에 대한 저자의 학구적이며 친절한 해설 스타일이 잘 드러나고 있습니다.

4장. 『순전한 기독교』 (루이스 저)

기독교 교리와 도덕관

자연법과 인격 신 하나님

 저자는 우선 우리 전 시대의 사상가들이 옳고 그름에 대한 법칙/규칙을 '자연법'이라고 불렀음을 상기시키면서, 이러한 본성적 도덕 법칙에 대해 인간에게는 선택의 자율성이 주어져 있다는 점에 주목하고 있습니다. 한편 우리는 우주를 움직이는 존재로서의 하나님에 대해 인격 신 대신 범신론적 관점을 보이는 경우도 많습니다. 철학자 헤겔, 스피노자도 그러했고 힌두교도들도 이런 관점을 가졌습니다.

 하지만 기독교는 이와는 달리 전투적인 종교라고 말합니다. 기독교는 하나님이 만드신 이 세상에서 너무나 많은 것이 잘못되어있으며, 하나님은 인격 신으로서 우리에게 그것을 바로잡을 것을 명하신다는 것입니다.

그리스도의 죽음과 기독교인의 삶

 그렇다면 그리스도의 죽음을 어떻게 보아야 할까요? 저자는 기독교 신앙의 중심은 그리스도의 죽음이 우리에게 하나님과 바른 관계를 맺게 해주며 새로이 출발하게 해주었다는 데에 있다고 말합니다. 세상에서 가장 훌륭한 그리스도인이라도 자기의 동력만으로 움직일 수 없습니다. 그리스도인은 넘어질 때마다 회개하고 그리스도 안에서 몇 번이고 새롭게 시작할 수 있는 사람이며, 이것이 그냥 선하게 살려고 노력하는 여타의 사람들과 구별되는 이유라고 설명합니다.

기독교인의 도덕관과 교만의 위험성

이 책의 큰 가치 중 하나는 기독교인의 올바른 도덕관에 대해 꽤 체계적으로 잘 정리해내고 있다는 것입니다. 도덕이란 사회적 도덕, 개인의 인품적 덕목을 포괄하는 것이지만, 기독교인으로서는 인류라는 선단이 지향해야 할 하나님의 보편적 목적에 부합한 삶을 살아야 함을 강조합니다. 저자는 도덕을 일곱 가지 덕목으로 분류하되 비종교적 기본 덕목으로는 분별력(지혜), 절제, 정의, 꿋꿋함(용기)를 꼽습니다. 사실 이것은 서양 사상의 아버지 격인 플라톤이 신분 계급에 따라 제시했던 4주덕 항목들과 그대로 일치합니다. 하지만 정작 중요한 것은 내면의 특질이나 성품, 즉 덕목이라 부를 수 있는 것을 형성하는 데 있다는 점을 강조합니다. 하나님이 정말 원하시는 것은 드러나는 외적 행동 그 자체보다도 특정한 종류의 사람이 되는 것이기 때문입니다.

그런데 기독교 도덕이 일반 다른 도덕과 가장 첨예한 차이를 보이는 것이 있다고 말합니다. 기독교 스승들의 가르침에 의하면 가장 핵심적인 악, 가장 궁극적인 악은 바로 교만이라는 것입니다. 교만은 본질적으로 경쟁적인 것이고, 교만 그 자체가 바로 적대감이며, 디는 치명적인 영적 악으로 봅니다. 결국, 교만은 악마를 따르는 것으로, 디로써는 결코 하나님을 알 수 없다고 말합니다.

신학과 영적 생명

신학은 무엇일까요? 신학은 하나님에 관한 학문이지만, 교리 자체는 하나님은 아니며 일종의 지도 같은 것입니다. 예수를 위대한 도덕적 스승으로 보는 것은 어떤가요? 기독교가 하나의 좋은 권고어 불과한 것이라면 아무 가치가 없다고 단언합니다. 생물학적 생명은 끊임없이 자연의 보조를 받아야 유지되는 생명으로 바이오스(Bios)라고 칭하며, 인간이 자연적으로 얻을 수 없는 하나님 안의 영적 생명을 조에(Zoe)라고 칭합니다. 양자의 유사성은 사진과 풍경, 석상과 사람 사이의 유사성 같은 것입니다. 그런데 바이오스를 가졌다가 조에를 갖는다는 것은 석상이 진짜 사람으로 변하는 것만큼이나 큰 변화가 아닐 수 없다는 것입니다. 기독교적으로 새사람이 된다는 것은 무엇을 의미하는 것일까요? 새사람이 된다는 것은 우리가 '자기 자신'이라고 부르는 것을 잃어버린다는 의미입니다. 자기 자신에게서 벗어나 그리스도 안으로 들어간다는 의미라는 것입니다.

영장류의 도덕성과 비판적 관점

 우리의 진정한 자아는 그리스도 안에서 우리를 기다리고 있으므로, 우리는 진정으로 자신을 내던져 버려야 한다는 저자의 결론에 이르러서는 마치 동양 철학 (이를테면 장자의 도)을 읽고 있다는 느낌마저 들었습니다. 전체적으로 볼 때 이 책은 차분하고 지성적인 어조로 기독교 교리에 대해 친절히 안내하는 책으로 보입니다. 하지만 현대 철학이나 과학적 설명에 더 친숙한 저로서는 어떤 논법에 대해서는 비판적 관점도 일어납니다. 이를테면 오늘날 영장류의 도덕성의 근원은 뇌 속의 '거울 뉴런'의 활성화를 통한 타자에 대한 공감 능력 때문으로 설명이 됩니다. 하품을 따라 하는 것 같은 모방이나 타자의 고통을 보고 나의 현실인 양 느끼며 위로와 도움을 주고 싶어 하는 것은 거의 자동적 심리 과정이라는 것입니다. 따라서 인간의 도덕심은 하나님이 인간에게만 부여한 신비롭고 고유한 명령이라기보다는, 집단의 위계질서에 순응하기 위해 충동을 억제하는 영장류의 내적 금지 시스템으로 볼 수 있습니다. 충동을 참지 못하면 무리로부터 무서운 추방을 당하기 때문입니다.

 칸트 같은 철학자는 순수 이성이나 신으로부터의 정언적 명령을 도덕성의 근원으로 보았지만, 세계적 영장류 연구 권위자인 프란스 드발 박사는 '착한 인류'라는 책에서 인간의 도덕성이란 다음과 같은 두 가지 능력에 기인한다고 말하기도 했습니다. 첫째는 '일대일 도덕성'으로 자신의 행동이 타인에게 어떤 영향을 미치는지 이해하는 능력이며, 둘째는 '공동체 의식'으로 개인보다 큰 공동체의 안정과 조화를 목표로 생각하는 경향입니다. 영장류는 이런 도덕성의 전이를 통해 집단의 생존 경쟁력을 높였다는 것입니다. 아무튼, C.S. 루이스의 『순전한 기독교』는 전반적으로 기독교라는 종교를 더욱 깊이 이해하게 해주며, 인간의 근원적 삶의 문제와 올바른 도덕적 가치관을 다시 생각하고 정립하는 데 많은 도움을 주는 좋은 책인 것 같습니다.

여기 인터뷰에 응한 여러 훌륭한 분 중, 철학도인 저는 개인적으로 칸트 철학자로 불리는 백종현 서울대 명예교수의 글에 특별히 관심이 가고 몰입이 되었습니다. 그래서 여기서는 이 책 그의 글 중 몇 가지 흥미로운 부분만 살짝 정리해보겠습니다. 이 책은 칸트 철학의 깊이와 함께, 현대 사회에서 인문학의 역할과 삶의 지혜를 얻는 방법을 제시합니다.

5장. 『인생 철학자와 함께 한 산책길』 (정구학 저)

칸트 철학자의 지혜

칸트의 철학과 인간성

칸트는 객체 중심의 철학을 주체 중심의 철학으로 돌려놓은 혁신적 철학자였습니다. 백 교수는 인간 칸트를 늘 분수를 지키고, 자신에게 충실하며, 자연에 대해 경외감을 가졌으며, 인간에게는 존경심을 가졌던 인물로 평합니다. 칸트는 가정교사와 강사, 도서관 사서로 있으면서 철학 연구를 했고, 교수가 된 것은 뒤늦은 46세였으며, 집을 산 것은 61세였다고 합니다. 그는 평생 혼담이 세 번 오갔고, 그가 총각이었던 이유는 사실은 그의 가난 때문이었다고 합니다.

니체 철학과 칸트 철학의 비교

요즈음 인기가 많은 니체 철학은 열정과 생명력의 가치를 앞세우는 격정적 감성주의에 가깝다면, 칸트는 이성으로서 불안정한 열정을 끊임없이 통제하라는 요구를 했으며, 자연의 본부를 곧 인간으로 보았습니다. 이는 서양 철학의 두 거장을 비교하며, 이성적 사고와 감성적 삶의 균형에 대한 깊이 있는 질문을 던집니다.

철학과 자연과학, 그리고 인문학의 역할

 백 교수는 철학은 원래 어려운 것이며 중학생 이하에게는 철학 강의를 할 수 없다고 말합니다. 하지만 고등학교 때부터는 철학책을, 대학교에서는 자연과학과 교양서적을 가까이해야 한다고 말합니다. 그런데 자연과학은 실험, 관찰, 통계적 접근을 하지만, 진짜 빈손으로 이성만 가지고 하는 개념 지식의 학문이 두 개 있는데 그것이 바로 수학과 철학이라고 표현합니다. 이 둘은 보다 근원적 지식을 탐구한다는 것입니다.

인문학의 위기와 본래의 의미

 사실 인문학은 직업 학문이 아니며 효용적 지식이나 기술이 아닌 '사리를 분별하는 힘'과 함께 '인간됨'을 배양하려는 것입니다. 따라서 애당초 전공자의 취직을 염두에 두기보다는 모든 학과에서 기본 교양으로 배우도록 하는 것에 의미를 두어야 한다고 말합니다. 인문학의 위기에 대해서는 인문계의 취업난과 인문학계의 위기는 구별해야 한다며 이렇게 말합니다. 인문 정신의 쇠퇴가 진짜 인문학의 위기이며, 사업/경제학의 보조 역할을 하려 하는 것이 위기라는 것입니다. 이 책은 인문학의 본질적인 가치를 재조명하며, 현대 사회에서 인문학이 나아가야 할 방향에 대한 깊은 성찰을 제공합니다.

프랑스의 로랑스 드빌레르 철학 교수의 책입니다. 번역본 제목은 '모든 삶은 흐른다'라고 좀 엉뚱하게 붙여졌지만, 원래 제목은 'Petit Philosopie de La Mer'(바다의 작은 철학)입니다. 이 책은 바다에 대한 다양한 이야기들을 화두로 삼으며 이를 통해 인간 삶에 대한 가슴 뭉클한 철학과 연결합니다. 유럽 철학이 흔히 그러하듯 그 내용은 감성을 파고들며 매우 문학적입니다. 이 책은 바다의 이미지를 통해 삶의 본질과 예술적 태도에 대한 깊이 있는 성찰을 제공합니다.

6장. 『모든 삶은 흐른다』 (로랑스 드빌레르 저)

바다의 철학과 삶의 예술

바다에서 배우는 겸손과 자존심

광활한 미지의 바다에 몸을 뉘었다면 우리의 의지는 무의미해집니다. 아름다우면서도 압도적으로 강한 바다에 우리는 그저 끌려갈 뿐입니다. 그러므로 우리는 겸손해지지 않을 수 없습니다. 이 대목에서 일본 문학가 이츠키 히로유키의 『타력』이란 책이 불현듯 떠오릅니다. 석가는 생로병사의 인생 슬픔에 가슴이 저며 출가를 한 후, 결국 이들은 모두 타력 즉 불가항력적인 것임을 깨달았다는 것입니다. 바다는 이런 것을 더욱 잘 일깨워줍니다.

그리고 인간은 각자 바닷속 하나의 섬 같은 존재라고 표현합니다. 세상에 하나뿐이며 나는 나일 뿐 나 홀로 간다는 자존심이 바로 섬의 영혼입니다. 우리는 내가 아닌 거짓 자아로 숨겨진 나만의 섬을 되찾아야 합니다.

자유와 호기심, 그리고 유동성

또 바다는 거칠 것 없는 자유라고 말합니다. 누구도 지배할 수 없는 경계가 없는 무한의 자유이지만, 위험을 무릅쓰고 바다를 향해 간다는 것은 용기를 필요로 합니다. 미지의 세계에 대하여 엉뚱한 상상으로 괴물을 만들지 말라고 하면서, 경계를 넘게 해주는 재능이 있다면 그것은 바로 호기심이라고 말합니다. 이미 증명되어 있는 답에 안주하지 말고 우리의 시야와 탐구 분야를 넓혀보라는 것입니다. 넓고 넓은 바다는 우동성의 순환이며 파편화되어 있지 않습니다. 이러한 바다에 둘러싸여 있으면 몸과 마음이 편안해지고 자아의 무게도 느껴지지 않습니다. 사실 자아의 세계란 기본적으로 폐쇄적이라는 것을 깨달아야 합니다.

삶의 예술: 오티움(otium)과 바캉스

과거 로마 사람들은 우리에게 삶의 예술이 무엇인지를 일러준다고 말하는데, 삶의 예술이란 '오티움(otium)'으로 유유자적을 일컫습니다. 비생산적인 것에 몰두하며 영혼과 정신을 높이 갈고닦는 시간을 가리킵니다. 우리는 휴가를 이야기하지만, 여유와는 거리가 먼 곳에 가서 오히려 평소보다 더 분주하게 보내고 오지 않는가 하고 반문합니다. 원래 '바캉스'는 비어있는 상태를 의미하며, 이를 제대로 즐기려면 철저히 혼자여야 한다고 말합니다. 그러면서 뭔가 쓸모 있는 것을 해야 한다는 강박 관념에 벗어나 공상에 잠길 수 있어야 한다는 것입니다. 이 책은 이처럼 바다 여행을 통해 이 우주, 이 세상의 참모습을 다시금 돌아보게 하고 여기서 우리가 어떤 삶의 철학을 가져야 하는지를 은유법을 통해 깊은 울림으로 전달해 줍니다.

　이론 물리학자인 울프 다니엘손의 과학 철학서입니다. 저는 몇 군데에서 저자의 생각에 동의할 수 없었지만, 그래도 이 책을 추천하고자 합니다. 왜냐하면, 흥미로운 주제에 대한 다양한 이야깃거리, 생각거리가 참 많기 때문입니다. 우선 과학의 법칙들을 규명하기 위한 수학 이론들은 우리가 예측을 위해 머릿속으로 생각해낸 모형일 뿐이며, 실재 그 자체와는 다르다는 도발부터 시작합니다. 물리학 이론들도 칸트의 물자체 즉 실재와는 다를 수밖에 없으며, 특히 수학은 플라톤적 관점과는 달리 우리 두뇌 바깥에서는 존재하지 않는다는 점을 강조합니다. 우리가 사라지면 함께 사라지는 것이라고 말합니다.

　그런데 이에 대해서는 다음과 반론도 유력해 보입니다. 한 변의 길이가 1인 정사각형의 대각선 길이를 제곱하면 2가 된다는 기하학의 경우 이는 우리가 사라지면 이 세상에는 존재하지 않을 허망한 머릿속 법칙일 뿐일까요?

7장. 『세계 그 자체』 (울프 다니엘손 저)

물리학자의 과학 철학

이원론과 일원론, 그리고 생명의 본질

저자는 데카르트의 이원론 관점을 비판합니다. 데카르트는 인간을 제외한 동물들은 물질로 만들어진 기계에 불과하지만, 우리 인간은 정신, 자아, 세계를 탐구하는 능력을 갖춘 다른 영적 존재로 보았습니다. 이에 반해 생명 없는 물질에 전권을 부여하며 자아를 단순한 환각으로 치부하는 일원론 관점도 비판합니다. 이는 생명 없는 기계들의 세상으로 대체시키며 생명과 자아도 죽인다는 것입니다. 기계를 특징짓는 것은 설계인데, 저자는 생물학의 유기체가 기계와는 근본적으로 다르다고 보는 이유로 유기체는 진화를 통해 생겨났으며 목적이나 설계가 애초에 존재하지 않는다는 것입니다. 짝짓기와 돌연변이를 통해 변화가 일어나기 때문입니다. 그렇다면 여기에는 초월적 존재의 설계가 없었다고 확언할 수 있을까요?

의식과 자유 의지

괴델의 '불완전성의 정리'와 튜링의 '멈춤 문제'에 대한 설명을 통해 세상의 모든 일을 우리가 수학적, 기계적인 방식으로 다 명쾌히 설명할 수 있는 것은 아니라는 주장도 나옵니다. 또 저자는 우리의 의식의 존재에 대해 큰 의미를 부여하는 것 같습니다. 컴퓨터에는 의식이 없다면서 말입니다. 하지만 철학자 대니얼 데닛 경우처럼 의식이란 두뇌에서의 정보 처리 계산 과정에서 발생하는 이차적이고 창발적인 현상으로, 일종의 환각에 불과하다는 관점도 유력합니다.

자유 의지와 결정론에 관한 오랜 철학적 문제에 대해서는 둘 다 똑같이 어수룩하고 불가능하다는 표현을 씁니다. 자연주의 관점에서는 결정론적 세계가 모형적으로 더 합리적으로 보이긴 합니다. 하지만 우리는 자연법칙의 노예라는 해석은 받아들이기 어렵다는 것입니다. 그렇다면 자유 의지는 존재할까요? 자유 의지에 대한 우리의 감각도 환각에 지나지 않을 수 있다면서, 실재 자체가 온전히 결정론적인지 아닌지는 현실에서 검증할 수 없는 문제라고 양비론자 느낌으로 표현을 합니다. 전체적으로 꽤 어려운 책이며, 번역상의 문제 혹은 저자의 오해로 느껴지는 부분도 몇 군데 있었습니다. 하지만 독자들의 공감 여부를 떠나 흥미로운 주제들에 대한 풍부한 생각의 즐거움을 안겨다 주는 권장할 만한 책입니다.

　노화는 단지 질병일 뿐이며 반드시 그래야 한다는 법칙 같은 건 없다고 말하는 하버드 의대 유전학 교수 데이비드 싱클레어 박사의 이 책은 매우 재미있고 어찌 보면 도발적인 느낌도 있습니다. 20세기 후반까지도 '집단 선택'이라는 진화 개념으로 노화와 죽음을 설명하곤 했습니다. 생물은 종을 위해 늙어 죽는다는 이 발상은 아리스토텔레스까지 거슬러 올라갑니다. 하지만 저자는 이는 틀렸다고 단언합니다. 이 책은 노화를 질병으로 간주하고, 과학적인 접근을 통해 노화를 극복하고 건강하게 오래 사는 비법을 제시합니다.

8장. 『노화의 종말』 (데이비드 싱클레어 저)

질병으로서의 노화와 건강한 장수법

노화의 정보 이론: DNA와 후성 유전체

그렇다면 우리를 늙게 만드는 요인은 무엇일까요? 우선 노화를 유전정보의 상실로 본 저자는 생물학에서 두 종류의 정보가 있는데, 하나는 디지털적 DNA이고 또 하나는 아날로그적인 '후성 유전체'라고 말합니다. 후성 유전체는 유전 가능 형질이지만 DNA를 통하지 않으며 염색질 구조에 저장된다고 합니다. 이는 하나의 수정란에서 수천 가지 정체성의 세포로 분화되는 발생 과정을 조율합니다. 유전체가 컴퓨터라면 후성 유전체는 소프트웨어에 해당합니다. 시간이 흐르면서 세포의 손상으로 DNA가 끊기는 현상이 일어나면 후성 유전적 교란이 생긴다고 합니다. 그러면 세포는 정체성을 잃게 되고 세포가 노화되어 질병이 생기고 죽음에 이르게 됩니다. 이것이 노화의 정보 이론이라는 것입니다.

저자는 생명 현상은 분자들을 쪼개는 화학 반응의 질서 있는 집합일 뿐이라는 환원주의 이론을 지지하며, 우리는 효소 덕분에 혼돈에서 빚어진 질서의 은혜로 존재한다고 표현합니다. 또한, 죽음은 결코 불가피한 것이 아니며 그런 생물학적, 화학적, 물리적 법칙은 없다고 말합니다.

NAD와 건강 장수법

저자는 500가지가 넘는 효소에 쓰이는 NAD가 노화와 질병의 핵심 조절 인자라는 발견을 했다고 합니다. 그리고 우유에 미량 들어있고 비타민 B3의 한 형태인 NR은 NMN이라는 화학 물질로 전환되며, 이는 곧 NAD로 전환되는 것을 밝혀냈다고 합니다. 그런데 사실 세포 재프로그래밍 프로세스에 끼어드는 여러 치료법과 메커니즘은 대체로 복잡하고 전문적인 느낌이 들어 머릿속에서 잘 정리가 되지 않습니다.

결국, 이 책의 현실적 값어치는 다음과 같이 이미 검증된 건강 장수법에 있는 건지도 모르겠습니다.

장수 식단: 육류, 유제품, 가공식품을 덜 먹고, 신선한 채소, 콩, 통곡물을 더 많이 먹으라고 권고합니다.

적게 먹기: 간헐적 단식을 통한 효과는 단식이 몸에 휴식을 주기 때문이 아니라, 모종의 스트레스를 통해 세포 차원에서 건강에 좋은 변화가 일어나기 때문이라고 합니다.

육식 줄이기: 동물성 위주 식단은 높은 심혈관 질환 사망률과 암 발병률과 관련이 있다는 연구 결과들이 많습니다.

땀 흘리기: 운동은 몸에 스트레스를 주는 활동이지만, 이때 생존 회로가 활성화되며 모세 혈관이 더 성장합니다. 단, 힘들다는 느낌이 들 때까지

격렬하게 운동하라고 말합니다.

몸을 차갑게 하기: 즉 겨울 매서운 추위에 움츠리지 말고 용감하게 바깥으로 나가라고 말합니다. 정반대로 사우나처럼 일시적 고온에 피부와 폐를 노출하는 것도 많은 혜택이 있다고 합니다.

이 책은 노화를 질병으로 인식하고, 과학적인 방법으로 건강하게 오래 살 수 있는 실용적인 팁을 제공하며, 인간 수명 연장의 가능성에 대한 흥미로운 질문을 던집니다.

　지금 나이에 건강이란 실로 중요한 화두이지만, 막상 서점에서 건강을 위한 책을 고르는 경우는 지금까지 그다지 흔치 않았습니다. 이번 책의 선택은 이 책이 뉴욕타임즈의 베스트셀러라고 하여 호기심이 발동했던 것입니다. 원래 저는 건강은 쾌면, 쾌식, 쾌변처럼 자연스러운 삶의 방식에서 나오는 것이라고 믿고 있으며, 몸에 해로운 기호 식품은 피하고 스트레스는 풀며 하루하루를 소박하고 즐겁게 사는 길을 선택하면 건강은 저절로 주어지는 것이라는 소극적 건강관을 지니고 살았던 편입니다. 이 책은 이를 부정하는 것은 아니지만, 보다 적극적으로 건강과 활력과 장수를 추구하는 이른바 '바이오해커'의 놀라운 모습을 보여줍니다. 즉, 우리가 비즈니스에서 경영과학과 IT 기술을 도입하듯, 생명과 건강을 위해서도 최신 의학/약학의 과학적 결론들을 능동적으로 활용하자는 것입니다. 이 책은 건강 관리에 대한 새로운 패러다임을 제시하며, 독자들이 자신의 몸을 최적화하기 위한 적극적인 방법을 모색하도록 격려합니다.

9장. 『슈퍼 휴먼』 (데이브 아스프리 저)

바이오 해커의 적극적인 건강, 활력, 장수 추구

네 가지 살인자와 미토콘드리아 손상

저자는 우선 우리의 건강과 생명을 앗아가는 네 살인자를 지목합니다. 심장 질환, 당뇨병, 알츠하이머, 암 등이 그것입니다. 그리고 노화 촉발의 원인으로 줄기세포 감소와 조직 쇠퇴, 에너지 공급원인 미토콘드리아 손상, 좀비 세포, 세포 쓰레기를 처리하는 리소좀 손상, 텔로미어 수축 등을 지적합니다. 그런데 네 살인자의 공통적 원인으로 저자는 세포 내 미토콘드리아 손상을 꼽습니다. 미토콘드리아는 음식과 산소를 통해 몸의 에너지원인 ATP(아데노신3인산)와 항산화제를 함께 생성합니다. 이것이 손상되면 과잉의 활성 산소와 함께 만성 염증, 질병과 더불어 노화가 촉발된다는 것입니다.

콜라겐과 펩타이드의 역할

뼈, 근육, 피부 등 몸의 결합 조직들을 구성하는 단백질인 콜라겐에 대해서도 주목합니다. 그런데 글리신은 콜라겐을 구성하는 아미노산입니다.

이 글리신은 억제성 신경 전달 물질로 신경계를 안정시키고 숙면에 도움을 줍니다. 콜라겐 활성 유지를 위해서는 강력한 항산화제이기도 한 비타민 C가 필요합니다. 아미노산 두 개 이상이 사슬처럼 연결된 것이 펩타이드입니다. 펩타이드 몇 개가 결합되면 폴리펩타이드이며 이들은 단백질 구조의 일부입니다. 아미노산을 '알파벳'이라면 펩타이드는 '단어'이고, 폴리펩타이드를 '문장'으로 본다면, 콜라겐 같은 단백질은 '문단'이 되는 셈입니다. 이 책 뒷부분에서는 티모신 베타-4로 알려진 'TB500'이라고 하는 치유 펩타이드를 소개합니다. 과학자들은 이것이 당뇨병, 위염, 위궤양을 효과적으로 치료하는 유망한 항노화 약품으로 결론 내렸다고 합니다. 저자는 이외에도 본인이 체험해 본 많은 펩타이드 제품들을 소개합니다.

수면의 질, 줄기세포, 그리고 생명 과학의 발전

이 책에서는 수면의 질에 대한 강조도 있습니다. 우리가 잠들면 뇌는 청소와 해독 작용을 시작하는데, 알츠하이머는 아밀로이드 단백질이 뇌에 쌓이는 현상으로 그 예방을 위해서도 숙면은 매우 중요하다고 말합니다. 숙면을 위해서는 특히 잠자기 전 TV나 스마트폰의 LED에서 나오는 밝은 청색광을 피하라고 합니다. 노화 방지를 위해서는 줄기세포의 작용이 매우 중요한데, 의학적 줄기세포 투입 없이 더 많은 줄기세포를 만드는 방법도 소개합니다. 24시간 이상의 간헐적 단식, 식단에서 당류 제거, 근력 운동, 비타민 C, D3 섭취, 질 좋은 숙면 등입니다 그리고 중국의 연구 결과에 따르면 태극권 운동은 개인의 줄기세포 수를 3-5배나 증가시켰다고 합니다.

 주지하듯 21세기는 인공지능+생명 과학의 시대인데, 요즈음 실리콘밸리에서는 천문학적으로 큰돈이 의료/제약, 생명 공학 계통으로 마구 쏠리고 있습니다. 알츠하이머, 암, 면역 체계의 정복은 물론 죽음조차 일종의 병으로 간주하고 이를 극복해내려는 시도들을 하고 있습니다. 20세기 말 정보 기술이 팽창하고, 21세기에 인공지능과 데이터 과학의 비약적 발전으로 인해 인류는 생명 현상과 세포/유전자 정보를 세밀히 분석해내기 시작했는데, 마침내 이제 무언가가 보이기 시작했으며 이들을 조작하는 실제적인 결과물들이 만들어지기 시작한 모양입니다. 요즈음 실리콘밸리에서 구글은 물론 마이크로소프트, IBM, 페이스북 등 미국의 선도 기업들은 의학과 IT 분야 두 가지의 전문 지식을 갖춘 최그의 인재를 찾느라 전쟁을 벌이고 있습니다. MIT, 하버드가 있는 보스턴에서도 요즈음 대학, 생명 공학 기업, 제약 기업의 경계가 모호해지고 있다고 합니다. 이 책은 생명 공학의 발전이 가져올 의료의 혁신 소식과 함께, 적극적인 건강 관리의 중요성을 강조하면서 독자들에게 새로운 활력을 선사합니다.

　이 책에는 노년 내과 전문의이며 카이스트 의과학 대학 이학 박사이기도 한 아산병원의 젊은 의사 정희원의 지혜롭고 정제된 글들이 담겨 있습니다. 저자가 실제 불교인인지 알 수는 없으나, 여러 곳에서 불교의 정신을 우리의 노후를 안정화할 수 있는 삶의 방식으로 끌어오는 느낌도 없지 않습니다. 저자는 술, 커피, 스마트폰, 단순당, 정제 곡물 등 쾌락을 주는 자극들의 유혹은 털어내고 일상 습관을 잘 관리하여 결국 평안한 일상으로 돌아오기를 제의합니다. 현대인들은 도파민 호르몬 작용을 좇는 삶, 즉 단기적 보상을 추구하는 방식으로 내몰리기 쉽습니다. 자칫 온라인 게임이나 SNS 활동, 과소비 등에 빠져드는 것도 이런 현상입니다. 오늘날 팽배한 소비자본주의는 인간의 고통과 불행의 근원이 되곤 하는 탐욕, 분노, 이로 인한 어리석음 등(불교의 삼독심)을 연료로 삼아 유지된다는 표현도 합니다. 이 책은 건강한 노년을 위한 실용적인 지혜와 함께, 현대 사회의 소비 지향적인 삶에 대한 깊이 있는 성찰을 제공합니다.

10장. 『당신도 느리게 나이 들 수 있습니다』 (정희원 저)

건강한 노년을 위한 지혜

노후 내재 역량 4M과 자아의식의 문제점

미국 노인병 학회가 만들고 보급한 것으로 노후 내재 역량을 유지하기 위해 챙겨야 할 4M이 있습니다.

What Matters: 삶의 목표 설정
Mobility: 신체 기능
Mentation: 마음 건강
Medical Issues: 질병 관리

건강한 노년은 세상의 욕망으로부터 '자유롭다'라는 저자의 삶의 철학 메시지가 매우 강력하게 다가옵니다. 이와 관련하여 분석 심리학의 창시자 융은 우리의 '자아' 개념을 화두로 올린 바 있습니다. '자기'는 의식과 무의식을 포함하여 개인의 신체, 정신 활동을 포괄합니다. '자아'는 자기에 속하는 것이긴 하지만 지각, 기억, 감정 등을 통해 남과의 구분, 비교의식을 만들어냅니다. 자아의식은 나와 내 것에 집착하는 마음을 만들며,

여기에서 탐욕, 분노, 어리석음이 나온다고 말합니다. 그러다 보면 밑 빠진 독에 물을 채우려는 도파민 중독에 빠져든다는 것입니다.

악순환에서 벗어나는 방법과 노후 습관

 그렇다면 이 악순환에서 벗어나는 방법은 무엇일까요? 자아의 욕심은 완전히 채울 수 없다는 것에 대한 깨달음과 마음 챙김을 통해 탐욕과 분노에서 벗어나는 것, 그리고 내재 역량을 유지하기 위한 좋은 생활 습관의 형성이 그것입니다. 이 책에는 담배 및 술의 해악과 중독성, 자세와 근력 관리의 중요성, 그리고 노후의 건강 위기에 대비한 어느 정도 돈의 필요성 등에 대한 지침과 그 근거들도 잘 제시하고 있습니다. 사실 노후에 가장 믿고 의지할 것은 이러한 자신의 내재 역량밖에 없다고 보는 저자는 4M을 위하여 평소 운동, 마음 챙김, 책 읽기, 명상, 몰입 등의 습관 만들기를 적극 권유합니다. 이 책은 건강한 노년을 위한 실질적인 가이드라인을 제시하며, 삶의 후반기를 의미 있고 행복하게 보내기 위한 지혜를 독자들에게 전달합니다.

30여 년간 노인 정신 의학 분야에서 진료와 연구를 계속해 온 노인 전문가 일본의 와다 히데키의 책입니다. 이 책에 나오는 내용 중 기억해둘 만한 핵심 사항은 다음과 같습니다. 이 책은 70세 이후의 삶을 더욱 풍요롭고 건강하게 보내기 위한 실질적인 조언들을 담고 있습니다.

11장. 『70세의 정답』 (와다 히데키 저):

노년 전문가의 기억해둘 권고 사항들

노후에 가까이해야 할 10가지 동사

걷다, 씹다, 게으름 피우다, 먹다, 가라앉히다, 말하다, 배우다, 돕다, 낙관하다, 웃다. 이 10가지 동사는 노년의 삶에서 활력과 만족감을 유지하는 데 필요한 핵심 요소들을 함축하고 있습니다.

뇌 건강과 정신적 스트레스 해소

불면증(입면 장애): 아침에 일정한 시간에 일어나고 같은 시간에 식사하며 단백질을 많이 섭취하는 것이 효과적입니다. 우유, 두부, 콩, 고기, 생선 등을 많이 섭취할 것을 권장합니다.

기억의 메커니즘: 입력-저장-출력으로 이루어지며, 해마(RAM)-측두엽(하드디스크)에 비유할 수 있습니다.

전두엽: 사고력과 판단력 관장을 담당하며, 매일 "왜?"라는 생각 습관이 필요합니다. 주식 매매, 게임, 도박으로도 활성화될 수 있으며, 낙천주의 습관화가 중요합니다.

정신적 스트레스: 햇빛이나 삼림욕을 통한 '자연 해소법'과 공예, 음악(예: 바로크 음악 감상) 등 예술 활동을 통한 '예술 해소법'을 권유합니다.

육체적 피로: 물과 단백질을 보충할 것을 강조합니다.

노후 인간관계와 자금 관리

부부 사이: 삼시 세끼를 같이 먹으면 황혼 이혼의 위험이 있으며, 집에 없는데 건강한 남편이 최고라고 농담조로 말합니다. 새 취미 생활은 함께 하지 않는 것이 좋으며, 노후의 부부는 서로에게 '돌보미'라는 마음가짐이 필요합니다.

자식과의 관계: 너무 멀리도, 너무 가까이도 지내지 말 것을 권합니다 (한 달에 한두 번은 전화 통화로 소식 교환). 취직/결혼에 대해 일절 관여하지 말 것을 강조합니다.

인지 장애 증거: 지갑에 가득 찬 거스름돈, 같은 물건이 여러 개, 가족에게 깜박 존댓말을 하는 것 등을 인지 장애의 증거로 꼽습니다.

노후 자금: 기본적인 방법은 은행 정기 예금(분산 투자)이며, 금융 기관의 호구가 되지 말 것을 경고합니다. 경제 공부를 해야 한다고 강조합니다.

유의미한 노후를 위한 공부와 일

뇌 단련법: 뇌 건강엔 공부가 최고라고 말합니다. 공부의 동기는 불순해야 효과적이며(인정, 인기), 최종 목표 '아웃풋'을 설정해야 한다(예: 책 쓰기)고 조언합니다.

고령자 필수 수강 과목: 첫째는 건강 의학, 둘째는 노후 경제학입니다. 그다음은 자유 선택 과목 공부입니다.

유의미한 노후: 첫째는 '공부하기', 둘째는 '일하기(파트타임)'입니다. 그 이외는 쉽게 질린다(취미와 여행은 2-3년 이후면 싫증)고 합니다.

장수 지역 공통점: 몸을 꾸준히 움직인다(밭일, 정원 가꾸기, 집안일 등), 일하기(실업은 가장 큰 부정적 영향), 배부르게 먹지 않기 등을 꼽습니다.

이 책은 70세 이후의 삶을 건강하고 의미 있게 보낼 수 있도록 구체적이고 실용적인 조언들을 제공하며, 노년의 삶에 대한 긍정적인 인식을 심어줍니다.

인기 소설가 김진명 작가의 첫 에세이 책입니다. 굴곡 많은 우리네 삶에 큰 위안이 되며, 새로운 마음의 힘을 얻게 하는 개성 있는 책입니다. 이 책을 펼치다 보면 우선 그의 독서 내공을 확인할 수 있습니다. 그는 말합니다. 인간에게 독서 이상의 양식은 없다고 말입니다. 특별히 내면을 키우는 인문학의 힘을 강조하기도 합니다. 독서는 자연히 사색으로 이어지며, 뇌 속의 다른 기억과 정보들이 결합하여 의식이 개발되고 창의력 기반을 형성한다고 합니다. 읽고 또 읽어야 하는데, 그것이 쉬운 길은 아니겠지만 큰길임은 분명하다고 강조합니다.

　그는 모든 인간은 비극적 존재임을 전제합니다. 꿈은 깨어지며 일이란 실패하기 마련입니다. 이런 현상이 무한 반복되는 것이 이 세상의 본질이며, 삶은 고통과 비탄과 슬픔에 언제나 맞닿아 있다고도 말합니다. 하지만 그렇지 않은 삶은 가볍고 공허하다고 지적합니다. 우리 사회는 점점 가벼워지고 있음을 한탄하며, 슬픔과 비극을 진지하게 나누는 이해와 공감이야말로 삶의 필수 아미노산으로 봅니다. 이 책은 삶의 고통과 불확실성을 인정하고, 그 속에서 진정한 행복과 의미를 찾아 나서는 지혜를 제시합니다.

12장. 『때로는 행복 대신 불행을 택하기도 한다』
   (김진명 저)

김진명 작가의 인생 철학

부처와 니체 철학의 재해석

그는 부처를 위대한 인물로 꼽기도 했습니다. 깨달음을 얻은 사람은 자신의 행복을 위한 쉽고 본능적인 길을 가는 게 아니라, 남을 위해 무겁고 어려운 길을 가는 존재로 봅니다. 철학자 니체를 칭송하기도 합니다. 철학은 니체 이전과 니체 이후로 나뉜다고 말합니다. 니체 이전은 이데아론이 칸트와 헤겔 정신으로 이어졌는데, 그 요체는 세상에는 본래부터 정해진 보편적 정신이 있다는 것입니다. 하지만 니체 이후는 자기가 자기 인생의 요리사라는 것입니다.

삶을 잘 사는 세 가지 방법

그는 삶을 잘 사는 방법을 다음 세 가지로 보았습니다.

무조건 남을 위해 사는 것.

내면의 세계를 가지는 것.

자신만의 좋아하는 것을 개발하고 평생 간직하는 것.

김재규 사건에 대한 분석

 이 책의 또 하나의 재미는 박정희 대통령을 저격한 중앙정보부장 김재규는 왜 남산을 버리고 육본으로 갔는지에 대한 설명과 분석입니다. 그 결론을 한마디로 말하자면, 10.26 사태와 전두환(육사11기)의 집권은 미국의 숨은 기획 탓이었다고 합니다. 이러한 내용들은 본인이 미국 정보계통 출신 한인의 제보를 통해 비공식적으로 알게 된 것이라고 하는데, 우리 일반인이 그 진위를 판단하기는 어려울 것 같습니다. 이 책은 김진명 작가 특유의 통찰력과 스토리텔링으로 삶의 철학을 이야기하며, 독자들에게 깊은 울림과 함께 새로운 시각을 제공합니다.

저자 고명환은 오래전 방송에 출연할 때부터 그 독특한 존재감으로 대중에게 각인된 개그맨이었던 것 같습니다. 그의 진지한 표정 연기만으로도 사람들을 웃게 만드는 특별한 재능을 지녔고, 한 영화에서는 속옷을 입지 않은 바바리맨으로 깜짝 등장하며 깊은 인상을 남기기도 했습니다. 흥미로운 사실은 그가 단순히 코미디언의 영역에 머무르지 않고, 깊이 있는 사색과 글쓰기를 통해 작가로서의 면모를 보여주고 있다는 점입니다. 특히 오래전 인상 깊게 읽었던 그의 책 『나는 어떻게 삶의 해답을 찾는가』는 그 울림이 커서 4개국으로 수출될 정도로 큰 반향을 일으켰다고 합니다. 현재 그는 독서가, 작가, 강연자, 그리고 요식업 사업가로서 성공 가도를 달리고 있으며, 다방면으로 활약하는 그의 모습은 많은 이들에게 영감을 주고 있습니다. 이 책은 단순히 읽기 편한 처세론에 머무르지 않습니다. 저자의 실제 경험과 깊은 성찰을 바탕으로 하면서도, 고전을 적재적소에 인용하여 삶의 근원적인 철학을 다루는 이색적인 저작입니다. 독자들은 이 책을 통해 고전의 지혜를 접할 수 있을 뿐만 아니라, 작가의 뜨거운 가슴과 진솔한 생각과도 만날 수 있다는 것이 가장 큰 특징이라 할 수 있을 것입니다.

13장. 『나는 어떻게 삶의 해답을 찾는가』 (고명환 저)

죽음 너머의 지혜와 삶의 철학

개그맨의 가면 뒤에 숨겨진 독서가의 내공

대중에게 익숙한 개그맨 이미지와는 달리, 고명환 작가는 엄청난 다독가이자 깊이 있는 사유가로 보입니다. 그의 글 쓰는 필체 또한 간명하면서도 강력한 힘을 지니고 있으며, 이는 오랜 독서와 사색을 통해 다져진 내공임을 짐작게 합니다. 특히 교통사고로 사망 선고까지 받았던 극적인 경험은 그의 삶과 철학에 지대한 영향을 미쳤음을 책 곳곳에서 느낄 수 있습니다. 생사의 경계를 넘나든 그의 체험 탓인지, 죽음을 바라보는 그의 의연하고 담담한 정신세계에는 깊은 감동이 스며 있습니다. 이는 독자들에게 삶의 유한함 속에서도 흔들리지 않는 내면의 단단함을 일깨워줍니다.

삶의 철학의 요체: 직관과 내면의 의지

저자는 죽음의 고비를 넘긴 이후, 세속적인 성공이나 일반적인 상식, 개념, 이성 보다는 자신의 고유한 직관을 신뢰하고 내면에서 역동하는 의지대로 살아가는 삶을 선택했다고 고백합니다. 아마도 이것이 그의 삶 철학의 가장 핵심적인 요체일 것입니다. 이는 외부의 기준에 얽매이지 않고, 자기 자신의 목소리에 귀 기울이며 주체적인 삶을 살아가려는 그의 강한 의지를 보여줍니다. 이러한 태도는 불확실한 세상 속에서 자신만의 길을 찾아 나서는 현대인들에게 큰 울림을 주는 것 같습니다.

성공을 위한 마음 자세: 이타적인 비즈니스 철학

 돈을 번다는 것, 사업에 성공한다는 것은 어떤 마음 자세에서 비롯되는가에 대한 그의 이야기들도 깊은 공감을 자아냅니다. 그는 성공을 위해 서두르거나 요행을 바라서는 안 된다고 강조합니다. 무엇보다 중요한 것은 자신이 아닌 '고객'에게 반드시 이익이 되는 방향으로 사업을 운영해야 한다는 것입니다. 이는 단기적인 이윤 추구가 아닌, 장기적인 관점에서 상생과 가치 창출을 지향하는 그의 비즈니스 철학을 엿볼 수 있게 합니다. 고객의 이익을 최우선으로 생각하는 그의 태도는 오늘날 많은 기업인에게도 시사하는 바가 큽니다.

진정한 도(道)의 추구: 존재 이유와 선한 영향력

 나아가 그는 진정한 도(道)란 남을 위하는 방향으로 나아가는 것이라고 말합니다. 이는 단순히 윤리적인 행동을 넘어, 자신이 세상에 태어난 진정한 존재 이유를 탐구하고 그 이유를 바탕으로 살아가려는 의지를 의미합니다. 즉, 그는 내 주변에 선한 영향력을 미치며 살아가는 삶의 힘을 강조합니다. 이 책을 읽는 내내 독자들은 고명환 저자의 뜨거운 가슴을 통해 깊은 감동과 함께, 자신의 삶의 목적과 의미를 다시 한번 되짚어볼 기회를 얻을 수 있습니다. 이 책은 단순히 머리로 이해하는 지식을 넘어 가슴으로 느끼고 음미해볼 만한 소중한 경험을 제공합니다.

새해에는 세상이 어지럽더라도 좀 더 건강하고 단단한 마음으로 살아가자는 다짐을 해봅니다. 이러한 삶의 자세를 일깨울 내공 깊은 책으로는 일본 베스트셀러 작가인 사이토 다카시 교수의 저서들이 떠오릅니다. 그는 도쿄대 법대에 입학했지만, 법관 대신 일본 교육을 바꾸는 사람이 되기 위해 대학원에서는 교육학을 전공한 후 교육심리학자이자 메이지대학 교수로 활동해왔습니다. 이 책은 급변하는 시대 속에서 흔들리지 않는 단단한 마음을 유지하고, 삶의 진정한 의미를 찾아 나서는 지혜를 제시합니다.

14장. 『나는 단단하게 살 것이다』 (사이토 다카시 저)

단단한 마음과 삶의 지혜

고독을 극복하는 세 가지 기술

그의 오래전 저서 『혼자 있는 시간의 힘』에서는 보편적 고독기인 50대 무렵부터의 외로움을 극복하기 위한 다음 세 가지 기술을 소개한 바 있습니다. 첫째, 눈앞의 일에 온전히 집중하는 것입니다. 둘째, 원서를 읽거나 번역을 해보는 것입니다. 셋째, 교양과 독서에 몰입하는 것입니다. 그의 핵심 메시지는 모두 잡념을 버리고 도를 닦듯 오롯이 무엇엔가 몰두하라는 것입니다. 그렇다고 해서 친구나 대인 관계를 기피하라는 의미는 아니며, 만나지 않는 동안 서로가 고독 속에서 '절차탁마'할 수 있어야 한다는 점을 강조합니다.

깊이 있는 공부의 중요성

다음으로 『내가 공부하는 이유』라는 책에서는 실용성 위주의 호흡이 짧은 공부보다는 문학, 철학, 수학, 역사처럼 삶의 호흡이 깊어지는 공부를 해야 한다고 강조했습니다. 몇 년이 지나 보면 그 공부가 내면에 단단히 뿌리내렸음을 깨닫는 교양 공부가 필요하다는 것입니다. 영국 망명 후 30년간 하루도 거르지 않고 대영박물관 도서관을 찾았던 칼 마르크스나 케임브리지대에서 박사학위를 받은 중국의 탁구 마녀 덩야핑의 예를 들면서 공부는 결코 자신을 배신하지 않는다는 점을 일깨웁니다.

단단한 삶의 철학

이번 글의 주제이자 그 제목에서부터 힘을 주는 『나는 단단하게 살 것이다』에서는 다소 철학적이며 체계적인 접근을 한 느낌을 줍니다. 사회적 외로움이나 실존적 불안을 극복하기 위해서는 우선 인류사나 자연 생태계에 관하여 자신의 시야를 넓혀나가야 함을 전제합니다. 또 철학은 주체적이고 자력적 힘을 키워주는 접근법이고, 종교는 자의식에 갇히지 않고 천지의 기운과 연결하려는 접근법으로 본다면, 이 양자 간 적절한 조화가 필요하다는 점도 일깨웁니다.

진정한 어른의 길

한편, 2021년 10월 출간된 『여전히 서툰 어른입니다』에서는 '나, 타인, 세상, 미래' 이 네 가지 주제로 진정한 어른의 길을 전파하려고 했습니다. 요약이 어렵긴 하지만 그가 이 책에서 전하려 했던 핵심 메시지들은 다음과 같습니다. 먼저 밝은 마음 자세가 중요하고, 나에 대한 콤플렉스 인정이나 자랑은 사실상 자기 긍정으로 봅니다. 또한, 세상이 흑백이 아니라 회색이라는 관점으로 바라보는 마음의 여유도 필요하다고 말합니다. 사실상 타인과의 우호적 관계는 무척 중요하며, 어떤 상황에서도 기분 좋게 웃고, 경청할 줄 알며, 다양한 사람들과 격 없이 교류할 것을 권유합니다. 겸손하게 타인에게 도움을 청하며 때론 적당히 응석을 부리는 것도 괜찮다고 덧붙입니다.

저자는 이 책에서 인간으로서 가장 꾸밈없고 순수한 시기는 초등 3학년, 즉 10세 무렵으로 보았습니다. 그 어느 때보다 빠르게 성장하고 많은 변화를 겪는 시기라는 것입니다. 저자는 니체가 말한 세 번째 단계처럼 이런 어린아이의 순수한 긍정의 상태로 살아가기를 권유합니다. 미래의 성장은 어떻게 추구할 것인가에 대해서는 먼저 독서를 강조하되, 늘 '다음 단계의 나'를 구체적으로 상상하며 준비를 해두라고 말합니다. 항상 메모장을 지니며 자신의 상상을 글로 적어보면 실현 가능성은 더 커질 것이라고 제안합니다. 이 책은 혼란스러운 시대 속에서 단단한 내면을 가꾸고, 삶의 의미를 찾아 나서는 지혜로운 삶의 태도를 제시하며 독자들에게 깊은 울림을 선사합니다.